JUICIOS DE BRUJAS DE SALEM

Descubriendo la Historia Oscura y el Legado Inquietante.

Julia K. Hudson

Contenido

Introducción   **5**

Los juicios de las brujas de Salem: una breve descripción   5

La importancia de Salem en la historia estadounidense   7

PARTE I   **11**

El contexto histórico   **11**

CAPÍTULO 1   **12**

La Cosmovisión Puritana   **12**

Creencias religiosas y supersticiones   12

Estructura social y vida cotidiana en Salem Village   14

CAPÍTULO 2   **18**

Semilla De Histeria   **18**

Señales tempranas de problemas y tensiones comunitarias   18

El papel del reverendo Samuel Parris y figuras clave   21

CAPÍTULO 3   **25**

Los Acusadores   **25**

Perfiles de los principales acusadores   25

Motivaciones e influencias detrás de las acusaciones   29

PARTE II   **35**

Las pruebas se desarrollan   **35**

CAPÍTULO 4   **36**

El Estallido De La Locura   **36**

Las primeras acusaciones y detenciones   36

Reacción pública y escalada de histeria   39

CAPÍTULO 5   **46**

Dramas Judiciales   **46**

Relatos detallados de ensayos clave   46

Examen de pruebas, testimonios y procesos judiciales   51

CAPÍTULO 6   **58**

Las Víctimas   **58**

Narrativas personales del acusado   58

Impacto en sus familias y comunidad   62

CAPÍTULO 7   **69**

El Papel De La Mujer   **69**

Dinámica de género en las acusaciones   69

El poder y la vulnerabilidad de las mujeres en Salem 74

PARTE III   **81**

Las secuelas   **81**

CAPÍTULO 8   **82**

El Fin De Las Pruebas   **82**

Factores que llevaron al cese de los juicios   82

La exoneración de los acusados y las disculpas oficiales   87

CAPÍTULO 9   **93**

Consecuencias Inmediatas   **93**

CAPÍTULO 10   **103**

Impactos a Largo Plazo   **103**

Las implicaciones más amplias para la sociedad estadounidense   104

Efectos duraderos sobre las prácticas jurídicas y judiciales   106

PARTE IV   **113**

El legado inquietante   **113**

CAPÍTULO 11   **114**

Memoria y Recuerdo   **114**

Cómo se han recordado los juicios a lo largo del tiempo   115

El papel de los memoriales y las conmemoraciones 118

CAPÍTULO 12   **124**

Paralelos Modernos   **124**

Comparaciones con la caza de brujas y la histeria colectiva contemporáneas   125

Lecciones para la sociedad moderna   127

CAPÍTULO 13   **133**

La Maldición De Salem   **133**

Leyendas y mitos que rodean a Salem   134

Historias de fantasmas e investigaciones paranormales   136

Conclusión   **142**

Reflexionando sobre Salem   **142**

La importancia de recordar y aprender de la historia 142

Reflexiones finales sobre el legado de los juicios 145

Introducción

Los juicios de las brujas de Salem: una breve descripción

En los anales de la historia estadounidense, pocos acontecimientos han captado la imaginación del público y la atención de los académicos con tanta intensidad como los juicios de brujas de Salem de 1692. Este período, marcado por la histeria y la injusticia, vio a la pequeña comunidad puritana de Salem Village, Massachusetts, envuelta en una frenesí de acusaciones, juicios y ejecuciones. En el transcurso de varios meses, más de 200 personas fueron acusadas de brujería, 19 fueron ahorcadas y una fue aplastada con pesadas piedras hasta morir. Los acontecimientos de 1692 han dejado una marca indeleble en la cultura estadounidense y continúan sirviendo como un crudo recordatorio de los peligros de la histeria colectiva y la ruptura del debido proceso.

Los juicios de brujas de Salem no fueron un incidente aislado sino la culminación de diversas tensiones sociales, religiosas y políticas que se habían estado gestando a fuego lento en la colonia de la Bahía de Massachusetts. Los juicios expusieron la fragilidad de la razón humana y la facilidad con la que el miedo y la superstición pueden anular la justicia y la humanidad. También destacaron los efectos devastadores de la búsqueda de chivos expiatorios y el abuso de poder, temas que resuenan con los problemas contemporáneos de injusticia y pánico social.

La importancia de Salem en la historia estadounidense

No se puede subestimar la importancia de Salem en la historia de Estados Unidos. Los juicios ocurrieron en un momento crucial de la era colonial, lo que refleja la compleja interacción de la religión, el derecho y la dinámica comunitaria en los primeros años de Estados Unidos. La sociedad puritana de Salem se caracterizaba por una estricta adhesión a la doctrina religiosa y un miedo agudo al diablo y sus supuestos agentes: las brujas. Este trasfondo cultural hizo que Salem fuera particularmente susceptible al tipo de pánico moral que estalló en 1692.

El legado de Salem se extiende más allá de su contexto histórico e influye profundamente en el panorama legal y cultural estadounidense. Los juicios de brujas de Salem se han convertido en un símbolo de los peligros del extremismo y de la importancia de salvaguardar los derechos individuales contra las usurpaciones de la paranoia masiva. Los juicios llevaron a los primeros pensadores estadounidenses a reconsiderar la naturaleza de la justicia y la necesidad de protecciones legales contra acusaciones falsas y extralimitaciones judiciales.

En los siglos posteriores a las pruebas, Salem se ha convertido en un lugar de reflexión y aprendizaje. Los acontecimientos de 1692 han quedado inmortalizados en la literatura, el teatro y la cultura popular, desde "La casa de los siete tejados" de Nathaniel Hawthorne hasta "El crisol" de Arthur Miller. Estas obras han mantenido viva la memoria de Salem, recordándonos continuamente la importancia de la vigilancia contra la injusticia.

Hoy, Salem es un testimonio de la resiliencia del espíritu humano y la búsqueda duradera de la verdad y la justicia. La ciudad ha abrazado su historia, convirtiéndola en una fuente de educación y turismo, al mismo tiempo que honra la memoria de quienes sufrieron durante las pruebas. A medida que descubrimos la oscura historia y el inquietante legado de los juicios de brujas de Salem, no solo rendimos homenaje al pasado sino que también recogemos lecciones que siguen siendo relevantes en nuestro mundo moderno.

En este libro, "El juicio de las brujas de Salem: Descubriendo la historia oscura y el legado inquietante", profundizaremos en el contexto histórico, los acontecimientos y las consecuencias de los juicios de las brujas de Salem. A través de una exploración exhaustiva de fuentes primarias, narrativas personales y análisis académicos, pretendemos presentar una comprensión matizada de este oscuro capítulo de la historia estadounidense. Al examinar el pasado, esperamos iluminar la perdurable relevancia del legado de Salem y sus implicaciones para la sociedad contemporánea.

PARTE I

El contexto histórico

CAPÍTULO 1

La Cosmovisión Puritana

Creencias religiosas y supersticiones

Para comprender los juicios de las brujas de Salem, es esencial comprender el contexto religioso y cultural de la época. Los puritanos, que se establecieron en Nueva Inglaterra a principios del siglo XVII, eran un grupo religioso que buscaba purificar a la Iglesia de Inglaterra de prácticas que consideraban corruptas y antibíblicas. Imaginaban crear una "ciudad sobre una colina", una sociedad modelo basada en el estricto cumplimiento de su interpretación de la Biblia.

En el centro de la cosmovisión puritana había una profunda creencia en la soberanía de Dios y la presencia omnipresente de Satanás. Veían el mundo como un campo de batalla entre las fuerzas del bien y del mal, con el diablo buscando constantemente corromper y socavar al pueblo elegido de Dios. Este sistema de creencias fomentó un mayor sentido de vigilancia contra cualquier signo percibido de brujería o actividad demoníaca.

Las convicciones religiosas de los puritanos estaban profundamente entrelazadas con la superstición. Creían que las brujas eran reales y podían dañar a individuos y comunidades por medios malévolos. La brujería era vista como un pacto con el diablo, que otorgaba a las brujas poderes sobrenaturales para realizar malas acciones. Este miedo se vio exacerbado por el uso frecuente de pasajes bíblicos que advertían contra las brujas y los castigos que merecían.

Los sermones y escritos puritanos a menudo incluían referencias a la brujería, lo que reforzaba el miedo de la comunidad a lo sobrenatural. Ministros como

Cotton Mather y Aumentar Mather escribieron extensamente sobre los peligros de la brujería, basándose tanto en textos bíblicos como en relatos contemporáneos de juicios por brujería en Europa. Este entorno religioso y cultural creó un terreno fértil para la histeria que más tarde se apoderaría de Salem.

Estructura social y vida cotidiana en Salem Village

Salem Village, una pequeña comunidad agrícola en la Colonia de la Bahía de Massachusetts, se caracterizaba por una estructura social rígida y un estilo de vida muy unido e insular. La aldea era parte de una red más grande de asentamientos, pero tenía su propia dinámica social única que contribuyó a los juicios por brujería.

La jerarquía social en Salem estaba definida por la propiedad de la tierra, la posición religiosa y las conexiones familiares. En la cima estaban los terratenientes ricos y las familias influyentes que ejercían una influencia significativa sobre los asuntos de la aldea. Estas familias, como los Putnam, a menudo chocaban con otras familias prominentes, lo que generaba rivalidades y tensiones profundamente arraigadas.

La religión desempeñaba un papel central en la vida diaria. El centro de reuniones era el corazón de la comunidad y servía como lugar de culto y centro de reuniones municipales. La asistencia a los servicios religiosos era obligatoria y se esperaba conformidad religiosa. Cualquier desviación de las normas aceptadas, ya sea en el comportamiento, la vestimenta o el habla, era recibida con sospecha y podía conducir al ostracismo social.

La vida diaria en Salem Village estuvo marcada por el trabajo duro y la piedad. La mayoría de los aldeanos eran agricultores y cuidaban sus campos y su ganado desde el amanecer hasta el anochecer. El duro clima de Nueva Inglaterra y los desafíos de la vida fronteriza exigían resiliencia y cooperación. Sin embargo, a pesar de la necesidad de unidad, la aldea estaba plagada de conflictos por los límites de la propiedad, los derechos de pastoreo y otros recursos comunales.

Las mujeres de Salem Village se encontraban en una situación particularmente precaria. Si bien eran esenciales para la economía del hogar, gestionando las tareas domésticas y la crianza de los hijos, tenían derechos legales y poder social limitados. Se vigilaba de cerca el comportamiento de las mujeres, y las que eran francas o independientes a menudo eran vistas con sospecha. Esta dinámica de género jugó un papel crucial en los juicios por brujería, ya que muchos de los acusados eran mujeres que no se ajustaban a las expectativas de la comunidad.

En este ambiente de fervor religioso, tensión social y dificultades diarias, se sembraron las semillas de los juicios de brujas de Salem. El miedo a lo desconocido, la lucha por el poder y la necesidad de encontrar chivos expiatorios para las desgracias contribuyeron a los trágicos acontecimientos que se desarrollaron en 1692. Al comprender la cosmovisión puritana y la estructura social de Salem Village, podemos comenzar a desentrañar el complejo causas de los juicios de brujas y el oscuro legado que dejaron.

CAPÍTULO 2

Semilla De Histeria

Señales tempranas de problemas y tensiones comunitarias

En los años previos a los juicios de brujas de Salem, Salem Village era una comunidad ya plagada de tensiones subyacentes y conflictos latentes. Estas tensiones fueron el resultado de diversos factores sociales, económicos y religiosos que eventualmente convergerían, creando una tormenta perfecta para el estallido de la histeria.

Una de las principales fuentes de conflicto fue la disputa en curso entre Salem Village y la vecina Salem Town. Salem Village era en gran medida agraria, con una población que dependía de la agricultura de subsistencia. Por el contrario, Salem Town era más próspera, con un puerto próspero y una economía mercantil en crecimiento. Esta disparidad económica fomentó el resentimiento y los celos entre los aldeanos, que se sentían eclipsados y marginados por sus vecinos más ricos.

Dentro del propio Salem Village, había divisiones importantes. Las disputas por la tierra eran comunes, ya que las familias competían por las parcelas más fértiles y buscaban ampliar sus propiedades. La aldea también estaba dividida en facciones, en gran medida influenciadas por alianzas familiares y rencores de larga data. Familias prominentes como los Putnam y los Porter a menudo estaban en desacuerdo, y estas rivalidades jugarían un papel fundamental en los juicios de brujas.

Las disputas religiosas exacerbaron aún más estas tensiones. El pueblo tenía una relación conflictiva con su ministro, el reverendo Samuel Parris, que llegó en 1689. Parris era una figura divisiva, exigía una compensación más alta e insistía en ser dueño de la casa parroquial, lo que enajenó a muchos aldeanos. Sus ardientes sermones y su estilo autoritario alimentaron la discordia dentro de la congregación. Algunos aldeanos apoyaron a Parris y su estricta interpretación de la doctrina puritana, mientras que otros encontraron intolerables sus demandas y su comportamiento.

Estos conflictos económicos, sociales y religiosos crearon un entorno propicio para el tipo de histeria colectiva que pronto se apoderaría de Salem Village. A medida que se acercaba el invierno de 1691-1692, se preparó el escenario para una serie de acontecimientos que hundirían a la comunidad en el caos y la tragedia.

El papel del reverendo Samuel Parris y figuras clave

El reverendo Samuel Parris fue una figura central en los acontecimientos que condujeron a los juicios de las brujas de Salem. Nacido en Inglaterra y criado en Barbados, Parris se mudó a Boston y luego a Salem Village, donde se convirtió en ministro en 1689. Su mandato estuvo marcado por la controversia desde el principio. La insistencia de Parris en salarios más altos y su propiedad de la casa parroquial fueron cuestiones polémicas que dividieron la aldea.

El enfoque teológico de Parris se caracterizó por un énfasis en la realidad de la presencia de Satanás y la constante amenaza de la brujería. Sus sermones a menudo se centraban en los peligros del diablo y la necesidad de vigilancia contra el mal. Esta retórica, combinada con las tensiones existentes en el pueblo, ayudó a crear un clima de miedo y sospecha.

Los primeros signos de la histeria que se avecinaba aparecieron en la propia casa de Parris. En el invierno de 1692, su hija Betty, de nueve años, y su sobrina Abigail Williams, de once, comenzaron a exhibir comportamientos extraños. Contorsionaban sus cuerpos, hablaban galimatías y experimentaban ataques y convulsiones. Incapaz de explicar estos síntomas, la familia recurrió a la experiencia médica del Dr. William Griggs, quien diagnosticó que las niñas padecían la "mano maligna", un diagnóstico que implicaba brujería.

Las aflicciones pronto se extendieron a otras niñas del pueblo, incluidas Ann Putnam Jr., Mercy Lewis, Mary Walcott y Elizabeth Hubbard. Estas niñas afirmaron ser atormentadas por espectros invisibles y comenzaron a nombrar a quienes creían responsables de su sufrimiento. Los primeros acusados fueron Tituba, un esclavo de la casa Parris;

Sarah Good, una mujer indigente; y Sarah Osborne, una viuda anciana y postrada en cama.

La confesión de Tituba bajo coacción jugó un papel fundamental en la escalada del pánico. Describió encuentros con el diablo e implicó a otros en el pueblo, proporcionando detalles escabrosos de misas negras y reuniones de brujas. Su confesión, ya sea forzada o como un intento desesperado por salvarse, dio crédito a la idea de que una conspiración generalizada de brujas estaba operando en Salem.

Otras figuras clave surgieron durante este período. Thomas Putnam, uno de los hombres más ricos e influyentes de Salem Village, era un ferviente partidario de la caza de brujas. Su hija, Ann Putnam Jr., fue una de las acusadoras más activas. Los agravios y ambiciones personales de Thomas Putnam probablemente influyeron en las acusaciones y la intensidad de los juicios.

El papel del reverendo Samuel Parris se extendió más allá de su participación inicial. A medida que crecía la histeria, continuó predicando sobre los peligros de la brujería, reforzando los temores de la comunidad. Su autoridad e influencia ayudaron a legitimar las acusaciones y los juicios, a pesar del creciente escepticismo y la oposición de algunos aldeanos.

Juntos, estos primeros signos de problemas y las acciones de figuras clave como el reverendo Samuel Parris y Thomas Putnam prepararon el escenario para la histeria colectiva que se extendió por Salem Village. La combinación de tensiones sociales existentes, fervor religioso y venganzas personales creó un ambiente volátil en el que las semillas de la histeria fácilmente echaron raíces y florecieron.

CAPÍTULO 3

Los Acusadores

Perfiles de los principales acusadores

Los juicios de brujas de Salem fueron impulsados en gran medida por las acusaciones de un grupo de niñas y mujeres cuyos testimonios alimentaron la histeria. Estos acusadores procedían de diversos orígenes, pero sus historias se entrelazaron de una manera que condujo a uno de los episodios más infames de la historia de Estados Unidos. Comprender quiénes fueron estos acusadores y qué los motivó es clave para desentrañar las complejidades de los juicios.

Betty Parris y Abigail Williams

Betty Parris, de nueve años, y su prima Abigail Williams, de once, fueron las primeras en mostrar síntomas de lo que se creía que era brujería. Al vivir en la casa del reverendo Samuel Parris, los ataques y comportamientos extraños de las niñas incluían gritar, arrojar objetos y contorsionar sus cuerpos. Sus acciones y el posterior diagnóstico del Dr. William Griggs provocaron la ola inicial de acusaciones de brujería. Como jóvenes bajo el cuidado de una figura estricta y religiosa, sus testimonios tuvieron un peso significativo en la comunidad.

Ann Putnam Jr.

Ann Putnam Jr., de doce años, se convirtió en una de las acusadoras más prolíficas e influyentes. Al provenir de una familia prominente e influyente, las acusaciones de Ann a menudo se tomaban muy en serio. Su padre, Thomas Putnam, era un ferviente partidario de los juicios y su estatus en la comunidad daba credibilidad a sus afirmaciones. Ann acusó a 62 personas a lo largo de los juicios, y sus descripciones detalladas y vívidas del tormento espectral reforzaron la creencia en una vasta y malévola conspiración de brujas.

María Walcott

Mary Walcott, de diecisiete años, fue otra acusadora clave. Mary, pariente de los Putnam, se unió al grupo de niñas afligidas al principio de la histeria. Sus ataques y acusaciones fueron fundamentales en el procesamiento de muchas supuestas brujas. Al igual que Ann Putnam Jr., las conexiones familiares de Mary reforzaron su influencia durante los juicios.

Elizabeth Hubbard

Elizabeth Hubbard, de diecisiete años, vivía con su tío, el Dr. William Griggs, quien fue el primero en diagnosticar las aflicciones de las niñas como obra de las brujas. Isabel rápidamente se convirtió en una de las acusadoras más activas, afirmando ver espectros de brujas atormentándola. Sus testimonios fueron detallados y dramáticos, y a menudo inclinaron al tribunal y al público en contra del acusado.

Misericordia Lewis

Mercy Lewis, de diecinueve años, tuvo un pasado turbulento antes de convertirse en acusadora. Huérfana durante una incursión india en Maine, trabajó como sirvienta en la casa de Thomas Putnam. Las experiencias traumáticas de Mercy y sus estrechos vínculos con la familia Putnam probablemente influyeron en su papel en los juicios. Ella fue una de las acusadoras más vocales y activas, y sus acusaciones contribuyeron a la condena y ejecución de varias personas.

Susana Sheldon

Susannah Sheldon, de poco más de veinte años, fue otra figura importante entre los acusadores. Sus testimonios se caracterizaron por afirmaciones elaboradas y sensacionalistas, que a menudo implicaban violentos ataques espectrales. Las acusaciones de Susannah aumentaron la histeria general, ya que sus relatos eran a la vez convincentes y aterradores para quienes los escuchaban.

Motivaciones e influencias detrás de las acusaciones

Las motivaciones e influencias detrás de las acusaciones de los juicios de brujas de Salem son complejas y multifacéticas. Si bien los síntomas iniciales de las niñas y el posterior diagnóstico de brujería prepararon el escenario, varios factores subyacentes alimentaron la histeria y la mantuvieron con el tiempo.

Fervor religioso y miedo al diablo

Una de las principales motivaciones fue el intenso ambiente religioso de Salem Village. La cosmovisión de los puritanos estaba impregnada de la creencia en la participación activa del diablo en el mundo y un miedo constante a la corrupción espiritual. Los sermones del reverendo Samuel Parris y otros ministros reforzaron la idea de que Satanás siempre estaba al acecho, buscando socavar la obra de Dios. Este fervor religioso creó un terreno fértil para las acusaciones de brujería, ya que cualquier comportamiento inusual o inexplicable podía interpretarse como obra del diablo.

Tensiones sociales y económicas

Salem Village estuvo plagada de tensiones sociales y económicas que desempeñaron un papel importante en los juicios. La comunidad estaba dividida entre quienes apoyaban la independencia de la aldea de Salem Town y quienes no. Las disputas por la tierra y las rivalidades económicas exacerbaron aún más estas divisiones. Familias como los Putnam tenían quejas de larga data con otras familias prominentes, como los Porter. Las acusaciones de brujería proporcionaron un medio para ajustar cuentas y obtener ventaja sobre los rivales.

Vendettas personales e influencias familiares

Las venganzas personales fueron otro factor crucial. Muchos de los acusadores tenían conflictos directos o familiares con quienes acusaban. Por ejemplo, las acusaciones de Ann Putnam Jr. a menudo iban dirigidas a personas que estaban en desacuerdo con su padre. Las redes familiares y sociales en Salem Village significaban que las acusaciones podían usarse estratégicamente para desacreditar o eliminar a los adversarios. No se puede pasar por alto la influencia de figuras dominantes como Thomas Putnam, ya que su apoyo a los juicios probablemente animó a su hija y a otros acusadores a continuar con sus afirmaciones.

Factores psicológicos y dinámica de grupo.

Los factores psicológicos también influyeron en el comportamiento de los acusadores. El fenómeno de la histeria colectiva, en el que un grupo de personas experimenta simultáneamente síntomas físicos o emocionales similares sin una causa física identificable, está bien documentado. Las aflicciones iniciales de Betty Parris y Abigail Williams podrían haber sido una forma de respuesta psicosomática al estrés o la ansiedad, que luego se extendió a otras niñas. El intenso escrutinio y atención por parte de la comunidad y las autoridades puede haber reforzado y perpetuado estos comportamientos.

Estatus social y empoderamiento

Para algunos acusadores, los juicios ofrecieron una rara oportunidad de atención y empoderamiento. En una sociedad rígidamente jerárquica donde las jóvenes y las mujeres tenían una capacidad de acción limitada, los juicios les dieron voz y cierto grado de influencia. Sus testimonios no sólo fueron escuchados sino que se actuó en consecuencia, lo que puede haber sido un poderoso incentivo para continuar con sus acusaciones. El hecho de que el tribunal se basara en sus pruebas espectrales elevó su estatus, aunque sea temporalmente, en una sociedad que normalmente los marginaba.

Creencias sobrenaturales e influencias culturales

El contexto cultural de finales del siglo XVII, con su mezcla de folclore y superstición, también influyó en las acusaciones. Las historias de brujería y sucesos sobrenaturales eran comunes, y mucha gente creía genuinamente en la existencia de las brujas. Los juicios en Europa, donde miles de personas habían sido acusadas y ejecutadas por brujería, sentaron un precedente que los residentes de Salem probablemente conocían. Estas creencias culturales crearon un telón de fondo en el que las acusaciones en Salem parecían plausibles e incluso esperadas.

En resumen, los acusadores en los juicios de brujas de Salem estaban motivados por una compleja interacción de creencias religiosas, tensiones sociales y económicas, venganzas personales, factores psicológicos e influencias culturales. Sus motivaciones no pueden reducirse a una sola causa, sino que deben entenderse dentro del contexto más amplio de su época y comunidad. Esta comprensión matizada de los acusadores y sus motivaciones es esencial para comprender la tragedia que se desarrolló en Salem y el legado perdurable de los juicios por brujería.

PARTE II

Las pruebas se desarrollan

CAPÍTULO 4

El Estallido De La Locura

Las primeras acusaciones y detenciones

Los juicios de brujas de Salem comenzaron oficialmente en los primeros meses de 1692, pero las semillas de la histeria se sembraron meses antes. En enero de 1692, los extraños comportamientos de Betty Parris y Abigail Williams se habían convertido en la comidilla de Salem Village. Sus convulsiones, ataques y arrebatos inexplicables provocaron temores de que estuvieran en juego fuerzas sobrenaturales. Cuando el Dr. William Griggs diagnosticó que sus aflicciones eran resultado de la brujería, se desencadenó una cadena de acontecimientos que provocarían un pánico generalizado y una serie de juicios trágicos.

Las primeras acusaciones formales de brujería se hicieron en febrero de 1692. Las niñas acusaron a tres mujeres: Tituba, Sarah Good y Sarah Osborne. Tituba, una mujer esclavizada de las Indias Occidentales, vivía en la casa del reverendo Samuel Parris. Sarah Good era una mujer indigente con reputación de mendicidad y desviación social, mientras que Sarah Osborne era una anciana envuelta en disputas legales con la familia Putnam.

El 29 de febrero de 1692 se emitieron órdenes de arresto contra estas tres mujeres. El interrogatorio del acusado tuvo lugar el 1 de marzo de 1692 en el centro de reuniones de Salem Village. Fue aquí donde Tituba confesó bajo coacción, alegando que el diablo se había acercado a ella y que otras brujas estaban operando en la aldea. Su confesión, que incluía vívidas descripciones de magia negra y pactos con el diablo, fue fundamental para validar las acusaciones de las niñas y aumentar la histeria.

La confesión de Tituba no sólo implicó a Sarah Good y Sarah Osborne sino que también insinuó una red más amplia de brujas en la comunidad. Sarah Good negó con vehemencia los cargos, pero su actitud desafiante y su baja posición social la convirtieron en un blanco fácil. Sarah Osborne, frágil y enferma, también negó las acusaciones pero no pudo escapar de la creciente sospecha.

Los exámenes y posteriores arrestos de estas mujeres marcaron el comienzo de una caza de brujas generalizada. A medida que se difundió la noticia de las acusaciones, el miedo se apoderó de la aldea y más personas presentaron sus propias sospechas y acusaciones. A los arrestos iniciales siguieron rápidamente otros, a medida que el círculo de acusados se amplió para incluir a más miembros de la comunidad.

Reacción pública y escalada de histeria

La reacción del público a las acusaciones y arrestos iniciales fue una mezcla de miedo, fascinación y fervor. En una comunidad ya inmersa en creencias religiosas y supersticiosas, la idea de que hubiera brujas entre ellos era a la vez aterradora y plausible. El sufrimiento visible de las niñas afectadas, combinado con la confesión detallada de Tituba, convenció a muchos de que existía una amenaza genuina.

A medida que crecía el número de acusaciones, también crecía la histeria. Las niñas afectadas continuaron nombrando nuevos sospechosos, a menudo implicando a personas basándose en poco más que agravios personales o chismes locales. La atmósfera en Salem Village se volvió cada vez más cargada, los vecinos se volvieron unos contra otros y las disputas de larga data surgieron como acusaciones de brujería.

El sistema judicial vigente en ese momento no estaba preparado para hacer frente a la repentina afluencia de casos de brujería. En abril de 1692, el recién nombrado gobernador de Massachusetts, Sir William Phips, estableció el Tribunal Especial de Oyer y Terminer para encargarse de los juicios. Este tribunal, dirigido por jueces como Samuel Sewall, Samuel Willard y el celoso William Stoughton, desempeñaría un papel crucial en la escalada de la caza de brujas.

Los procedimientos del tribunal estuvieron fuertemente influenciados por la creencia en pruebas espectrales: testimonios de que las brujas acusadas podían proyectar sus espíritus o espectros para dañar a otros. Este tipo de pruebas, aunque controvertidas, fueron aceptadas por el tribunal y se convirtieron en la piedra angular de los juicios. La aceptación de pruebas espectrales permitió acusaciones basadas en sueños, visiones y otras experiencias intangibles, lo que hacía casi imposible que los acusados se defendieran.

Las pruebas rápidamente cobraron vida propia. A finales de abril, miembros más destacados de la comunidad fueron acusados, incluida Rebecca Nurse, una anciana muy respetada conocida por su piedad y caridad. Su arresto conmocionó a muchos e indicó que nadie estaba a salvo de sospechas. La inclusión de personas respetadas entre los acusados sólo sirvió para aumentar la paranoia y el miedo.

Las ejecuciones públicas comenzaron en junio de 1692, siendo Bridget Bishop la primera persona ahorcada por brujería. Su ejecución fue seguida por otras en rápida sucesión, cada evento atrajo a grandes multitudes y alimentó aún más la histeria. El espectáculo público de los ahorcamientos, combinado con las dramáticas confesiones y retractaciones, creó un clima de miedo y fervor que se apoderó de Salem y sus alrededores.

La escalada de la caza de brujas también se vio impulsada por el apoyo de figuras influyentes de la colonia. El reverendo Cotton Mather, un destacado ministro y erudito, apoyó los juicios y el uso de evidencia espectral en sus escritos y sermones. Su padre, Increment Mather, inicialmente apoyó los juicios, pero luego se convirtió en crítico cuando el número de acusaciones se salió de control.

El miedo colectivo de la comunidad a la brujería se vio agravado por otros factores sociales y políticos. La Colonia de la Bahía de Massachusetts estaba atravesando un período de inestabilidad e incertidumbre. La colonia había sufrido recientemente una devastadora epidemia de viruela, ataques de tribus nativas americanas y agitación política tras la revocación de su estatuto original. Estas presiones externas contribuyeron a una sensación de vulnerabilidad y al deseo de encontrar y eliminar cualquier amenaza percibida dentro de la comunidad.

A medida que avanzaba el verano de 1692, el número de acusaciones siguió aumentando. Los juicios se extendieron más allá de Salem Village a otras partes de la colonia, incluidas Andover, Ipswich y Gloucester. La naturaleza generalizada de las acusaciones subrayó el miedo profundamente arraigado a la brujería y la influencia omnipresente de la histeria.

No se puede subestimar el papel de las niñas afectadas en la perpetuación de la histeria. Sus dramáticos ataques y acusaciones fueron fundamentales para los juicios en curso. A menudo imitaban los síntomas y las historias de los demás, creando un circuito de retroalimentación que reforzaba la creencia en una vasta y peligrosa conspiración de brujas. Los testimonios de las niñas, a los que el tribunal y la comunidad otorgaron un peso significativo, mantuvieron el impulso de los juicios.

La escalada de la caza de brujas también tuvo profundos efectos sociales y psicológicos en la comunidad. Las familias quedaron separadas y los parientes se acusaron unos a otros de brujería. La confianza dentro de la comunidad se erosionó y el tejido social de Salem Village comenzó a desmoronarse. El miedo y la sospecha generalizados crearon una atmósfera de paranoia que afectó a todos, desde los acusados hasta los acusadores y los jueces que supervisaban los juicios.

El estallido de locura en Salem fue un fenómeno complejo y multifacético. Las acusaciones y arrestos iniciales desencadenaron una reacción en cadena de miedo, sospecha e histeria que envolvió a toda la comunidad. La reacción del público, influenciada por el fervor religioso, las tensiones sociales y la aceptación de pruebas espectrales, impulsó la escalada de los juicios. A medida que crecía el número de acusaciones y se extendían los juicios, la comunidad de Salem cayó en un estado de caos y tragedia, dejando un legado duradero que sería recordado durante los siglos venideros.

CAPÍTULO 5

Dramas Judiciales

Relatos detallados de ensayos clave

Los juicios de brujas de Salem se caracterizaron por escenas dramáticas en los tribunales que captaron la atención de toda la comunidad y resonaron a lo largo de la historia. Los juicios de varias personas clave se destacan no sólo por su intensidad sino también por los precedentes legales que sentaron y el profundo impacto que tuvieron en la aldea de Salem y más allá.

Brígida Obispo

La primera persona juzgada y ejecutada por brujería en Salem fue Bridget Bishop. Bridget, arrestada en abril de 1692, era una viuda de mediana edad conocida por su estilo de vida poco convencional, que incluía frecuentar tabernas y usar ropa provocativa. Su reputación la convirtió en un blanco fácil para las acusaciones de brujería. Durante su juicio el 2 de junio de 1692, se presentó al tribunal una variedad de pruebas, incluido el testimonio de las niñas afligidas que afirmaban que el espectro de Bridget las había atormentado.

El juicio de Bridget estuvo marcado por los dramáticos y emotivos testimonios de los acusadores. Describieron cómo se les apareció su espectro, provocándoles ataques y dolores físicos. Los vecinos también testificaron sobre el supuesto comportamiento malévolo de Bridget, citando incidentes en los que supuestamente había maldecido al ganado y las cosechas. A pesar de sus firmes negativas y la falta de pruebas concretas, Bridget Bishop fue declarada culpable. Fue ahorcada el 10 de junio de 1692, sentando un precedente sombrío para los juicios que siguieron.

Rebeca Enfermera

El juicio de Rebecca Nurse es uno de los episodios más conmovedores y trágicos de los juicios de las brujas de Salem. La acusación de Rebecca, abuela de 71 años y miembro respetado de la comunidad, sorprendió a muchos. Detenida en marzo de 1692, su juicio tuvo lugar en junio. Las pruebas en su contra se basaron en los testimonios de las mujeres afectadas, quienes afirmaron que su espectro las había atormentado.

El drama judicial alcanzó su punto máximo cuando Rebecca Nurse, conocida por su piedad e integridad, fue llevada ante el tribunal. Su defensa se vio reforzada por una petición firmada por 39 aldeanos que atestiguaban su buen carácter. Sin embargo, el tribunal se dejó influenciar por los poderosos y emotivos testimonios de los acusadores. En un momento dramático, durante el interrogatorio de

Rebecca, una de las niñas afligidas tuvo un ataque, lo que fue tomado como evidencia de su culpa.

A pesar de una absolución momentánea por falta de pruebas, la protesta pública y la presión de los acusadores llevaron a que se revocara el veredicto. Rebecca Nurse fue declarada culpable y ahorcada el 19 de julio de 1692. Su juicio destacó el poder de la histeria colectiva y las trágicas consecuencias de las acusaciones infundadas.

George Burroughs

George Burroughs, ex ministro de Salem Village, fue otra figura destacada atrapada en los juicios por brujería. Detenido en mayo de 1692, Burroughs fue acusado de ser el cabecilla de un grupo de brujas. Las acusaciones en su contra incluían afirmaciones extraordinarias, como poseer una fuerza sobrehumana y hacer un pacto con el diablo. Durante su juicio en agosto, el tribunal escuchó testimonios de las niñas afligidas que afirmaban que el espectro de Burroughs se les había aparecido y las había obligado a firmar el libro del diablo.

La sala del tribunal quedó electrizada cuando George Burroughs recitó perfectamente el Padrenuestro antes de su ejecución. Según la creencia puritana, era imposible que una bruja recitara la oración correctamente. Este momento sembró dudas entre algunos espectadores, pero no fue suficiente para salvarlo. George Burroughs fue ahorcado el 19 de agosto de 1692, junto con varios otros. Su juicio y ejecución subrayaron la seriedad mortal con la que el tribunal persiguió a las brujas sospechosas.

Examen de pruebas, testimonios y procesos judiciales

Los procesos judiciales de los juicios de brujas de Salem fueron profundamente defectuosos, moldeados por una mezcla de superstición, miedo y creencia ferviente en la presencia del mal. El uso de pruebas espectrales, los testimonios de los afligidos y la atmósfera general de paranoia contribuyeron al error judicial que caracterizó estos juicios.

Evidencia espectral

Uno de los aspectos más controvertidos de los ensayos fue la aceptación de evidencia espectral. Este tipo de evidencia involucraba testimonios de que se veía al espectro o espíritu del acusado realizando brujería o atormentando a los afligidos. Esas pruebas eran intrínsecamente poco fiables e imposibles de refutar, pero el tribunal les dio un peso significativo. Los jueces, incluido William

Stoughton, creían que el diablo podía tomar la forma de una persona inocente sólo con su permiso, implicando así directamente al acusado.

Testimonios de los afligidos

Las niñas afligidas, cuyos ataques y acusaciones fueron centrales en los juicios, brindaron testimonios dramáticos y persuasivos. Sus descripciones de haber sido atacados por espectros y obligados a firmar el libro del diablo se tomaron como prueba directa de la culpabilidad del acusado. Estos testimonios fueron a menudo pronunciados con gran emoción y convicción, influyendo tanto en los jueces como en el público. El intenso escrutinio y la presión pública probablemente exacerbaron los síntomas de las niñas y alentaron más acusaciones.

Evidencia física

Las pruebas físicas presentadas durante los juicios fueron a menudo tenues y basadas en supersticiones.

Por ejemplo, el descubrimiento de "marcas de brujas" en los cuerpos de los acusados se utilizó como prueba de su culpabilidad. Estas marcas, a menudo meras imperfecciones o lunares, se interpretaban como signos de un pacto con el diablo. Otras formas de evidencia incluyeron los llamados "pasteles de brujas" hechos de centeno y orina, que se creía que revelaban la identidad de las brujas cuando se los daban a los perros. Esas prácticas ponen de relieve el carácter primitivo y supersticioso de las pruebas examinadas por el tribunal.

Procedimientos Judiciales

Los procedimientos judiciales durante los juicios de brujas de Salem se desviaron significativamente de los estándares modernos de justicia. El Tribunal Especial de Oyer y Terminer, establecido específicamente para los juicios por brujería, funcionó con una presunción de culpabilidad más que de inocencia. A menudo se negaba a los acusados una representación legal adecuada y la oportunidad de presentar una defensa sólida. La atmósfera en la sala del tribunal estaba cargada de emoción y los jueces estaban fuertemente influenciados por la histeria pública y sus propias creencias religiosas.

Los interrogatorios a menudo se llevaban a cabo bajo coacción, y se presionaba a los acusados para que confesaran y nombraran a otras personas. Las confesiones, ya fueran forzadas o genuinas, se utilizaron para validar la existencia de una conspiración de brujas generalizada. Aquellos que confesaban e implicaban a otros a veces se libraban de la ejecución, lo que creaba un incentivo perverso para acusar a otros con el fin de salvarse uno mismo.

Papel de figuras destacadas

Varias figuras destacadas desempeñaron papeles cruciales en los juicios. El reverendo Samuel Parris, cuya familia estaba en el epicentro de las acusaciones iniciales, brindó apoyo espiritual y moral durante los juicios. Sus sermones reforzaron la creencia en una conspiración satánica. Cotton Mather, un respetado ministro y autor, apoyó el uso de evidencia espectral en sus escritos, otorgando legitimidad intelectual a los procedimientos.

Sin embargo, a medida que avanzaban los juicios y crecía el número de acusados, empezó a surgir el escepticismo. Increment Mather, el padre de Cotton Mather y un ministro influyente, finalmente se pronunció en contra de los juicios. En su obra "Casos de conciencia sobre espíritus malignos que personifican a los hombres", Increment Mather argumentó en contra de la dependencia de la evidencia espectral, afirmando que era mejor que diez brujas sospechosas escaparan que que una persona inocente fuera condenada. Su cambio de postura reflejó un creciente malestar con los procesos judiciales y el creciente número de víctimas de los juicios.

Reacción pública

La reacción del público a los juicios fue inicialmente de apoyo, impulsada por el miedo y la creencia en la amenaza de la brujería. Sin embargo, a medida que se acusó a miembros más respetados y prominentes de la comunidad, la opinión pública comenzó a cambiar. Crecieron las dudas sobre la validez de las pruebas y la imparcialidad de los juicios. La ejecución de George Burroughs, en particular, hizo que algunos cuestionaran la legitimidad del proceso, ya que su recitación del Padrenuestro contradecía la creencia de que las brujas no podían realizar tales actos.

Los dramas judiciales de los juicios de brujas de Salem estuvieron marcados por una combinación de miedo, superstición y procesos judiciales defectuosos. La aceptación de pruebas espectrales, los testimonios emocionales de los afligidos y los interrogatorios coercitivos contribuyeron al trágico resultado de los juicios. Los juicios clave de figuras como Bridget Bishop, Rebecca Nurse y George Burroughs ponen de relieve los errores judiciales y el impacto devastador de la histeria. A medida que avanzaban los juicios, el creciente escepticismo y la eventual condena de las prácticas judiciales subrayaron las profundas divisiones y las profundas consecuencias de este oscuro capítulo de la historia estadounidense.

CAPÍTULO 6

Las Víctimas

Narrativas personales del acusado

Los juicios de brujas de Salem atraparon a una amplia gama de personas, muchas de las cuales eran miembros respetables de su comunidad. Sus narrativas personales ofrecen una visión conmovedora del costo humano de la histeria. Estos relatos revelan no sólo el carácter arbitrario de las acusaciones sino también el profundo sufrimiento soportado por los acusados y sus familias.

Rebeca Enfermera

La historia de Rebecca Nurse es una de las más desgarradoras. Rebecca, abuela de 71 años y cristiana devota, era conocida por su bondad e integridad. A pesar de su impecable reputación, fue acusada de brujería en marzo de 1692. Las acusaciones iniciales provinieron de la familia Putnam, que estaba envuelta en disputas de tierras con las Nurses. Durante su juicio, Rebecca mantuvo su inocencia con dignidad y gracia, y a menudo recurrió a la oración en busca de fortaleza.

Su juicio estuvo marcado por una breve absolución, pero el veredicto fue revocado debido a la protesta pública. La familia de Rebecca luchó valientemente para demostrar su inocencia, reuniendo peticiones y testimonios de los vecinos. A pesar de sus esfuerzos, Rebecca fue declarada culpable y ejecutada el 19 de julio de 1692. Su narrativa personal es un testimonio de los peligros de la histeria colectiva y las trágicas consecuencias de las acusaciones infundadas.

Juan Proctor

John Proctor, un próspero granjero y tabernero, fue otra figura destacada atrapada en los juicios. Conocido por sus críticas abiertas a los juicios, el desafío de John lo convirtió en un objetivo. Acusados en abril de 1692, Juan y su esposa, Isabel, se enfrentaron a un intenso escrutinio. La abierta oposición de John al uso de pruebas espectrales y su desafío a la legitimidad de los juicios lo pusieron en desacuerdo con el tribunal y la comunidad.

Durante su juicio, la postura de principios de John Proctor contra el proceso fue evidente. Argumentó apasionadamente contra la aceptación de pruebas espectrales y la legitimidad de los testimonios de las niñas afligidas. A pesar de sus esfuerzos, John fue declarado culpable y sentenciado a muerte. Su esposa, Isabel, que estaba embarazada en ese momento, se salvó de la ejecución hasta después del nacimiento de su hijo. John Proctor fue ahorcado el 19 de agosto de 1692. Su narrativa destaca la valentía de quienes se atrevieron a denunciar la injusticia de los juicios.

Giles Corey

Giles Corey, un granjero de 81 años, presentó una de las narrativas más dramáticas y trágicas. Acusado de brujería junto con su esposa, Martha, Giles se negó a declararse culpable ante el tribunal. Su desafío se basó en la creencia de que, al negarse a declararse culpable, podría evitar que el tribunal confiscara su propiedad y garantizaría que sus hijos la heredarían. El tribunal sometió a Giles a peine fuerte y duro, una forma de tortura que implica presionar con piedras pesadas para forzar una declaración.

A pesar de soportar un dolor inmenso, Giles Corey se mantuvo firme en su silencio. Sus únicas palabras registradas durante esta terrible experiencia fueron: "Más peso", un acto final de desafío contra la autoridad del tribunal. Giles Corey murió el 19 de septiembre de 1692, tras dos días de tortura. Su muerte puso de relieve los métodos brutales e inhumanos utilizados durante los juicios y hasta dónde llegarían las personas para proteger sus principios y sus familias.

Impacto en sus familias y comunidad

El impacto de los juicios de brujas de Salem se extendió mucho más allá de las personas acusadas. Las familias y la comunidad en general se vieron profundamente afectadas, con repercusiones que duraron mucho después de que terminaron los juicios.

Familias de los acusados

Las familias de los acusados a menudo se enfrentaron al ostracismo social, dificultades financieras y traumas psicológicos. El arresto y encarcelamiento de un miembro de la familia trastornó el hogar, dejando a los cónyuges e hijos a su suerte. En muchos casos, se confiscaron los bienes de los acusados, dejando a las familias en la indigencia. Por ejemplo, la familia de John Proctor enfrentó importantes dificultades financieras después de su arresto y ejecución. Elizabeth Proctor, embarazada y encarcelada, tuvo que luchar por la supervivencia de ella y de sus hijos mientras lidiaba con la pérdida de su marido.

Los hijos de los acusados eran particularmente vulnerables. No sólo perdieron a sus padres, sino que también tuvieron que soportar el estigma de estar relacionados con alguien etiquetado como brujo. El costo emocional para estos niños fue inmenso, mientras navegaban en una comunidad plagada de sospechas y miedo. Muchos de estos niños quedaron huérfanos y dependientes de la caridad de vecinos o familiares.

Divisiones comunitarias

Los juicios profundizaron las divisiones existentes dentro de la comunidad. Salem Village ya era un lugar de considerable tensión, con disputas por la tierra, las prácticas religiosas y la jerarquía social. Los juicios por brujería exacerbaron estos conflictos, ya que las acusaciones a menudo surgían de rencores y venganzas personales de larga data. La familia Putnam, por ejemplo, utilizó los juicios para atacar a sus rivales, las enfermeras y los porteadores, destacando cómo las enemistades personales alimentaron la histeria.

Los juicios también crearon nuevas divisiones, ya que amigos y vecinos se volvieron unos contra otros. La disposición de los individuos a acusar a otros de brujería rompió lazos de confianza y fomentó un ambiente de paranoia. El miedo a ser acusados llevó a muchos a distanciarse de las presuntas brujas, aislando aún más a las familias de los acusados.

Trauma psicológico y social

El impacto psicológico de los juicios en la comunidad fue profundo. El miedo constante a las acusaciones creó una atmósfera de terror. Las personas se mostraron cautelosas a la hora de hablar o defender a los acusados, sabiendo que cualquier disenso podría convertirlos en objetivos. Este clima de miedo sofocó la libertad de expresión y reforzó el poder de los acusadores y del tribunal.

Socialmente, los juicios dejaron un legado de desconfianza y sospecha. Incluso después de que terminaron los juicios, las cicatrices permanecieron. La comunidad luchó por reconciliarse con la injusticia que había ocurrido. Las familias de los acusados intentaron limpiar el nombre de sus seres queridos, un proceso que llevó años e implicó confesiones públicas de error por parte de algunas de las figuras clave involucradas en los juicios. La culpa y la vergüenza persistentes afectaron el tejido social de Salem e influyeron en cómo las generaciones futuras veían la autoridad y la justicia.

Legado y consecuencias a largo plazo

Los juicios de las brujas de Salem dejaron una marca indeleble en la historia de Estados Unidos, sirviendo como una advertencia sobre los peligros de la histeria colectiva y la ruptura del debido proceso. Los juicios provocaron una reevaluación de los estándares legales para la prueba y la importancia de proteger los derechos individuales. El uso de pruebas espectrales, por ejemplo, fue duramente criticado, lo que llevó a su eventual rechazo en futuros procedimientos judiciales.

La exoneración de los acusados, aunque debería haberse retrasado mucho, fue un paso fundamental para abordar los errores cometidos durante los juicios. En 1711, el Tribunal General de Massachusetts aprobó un proyecto de ley que restablecía los derechos y el buen nombre de los acusados y concedía restitución financiera a sus herederos. Sin embargo, el trauma y la injusticia experimentados por las víctimas y sus familias nunca podrán deshacerse por completo.

En un contexto más amplio, los juicios de brujas de Salem se han convertido en un símbolo de los peligros de buscar chivos expiatorios y las consecuencias del poder desenfrenado. Destacan la importancia del escepticismo, el debido proceso y la protección de los derechos individuales en un contexto de miedo y prejuicio comunitario. Las narrativas personales de los acusados y el impacto en sus familias y comunidad continúan resonando como poderosos recordatorios de la necesidad de estar alerta contra la injusticia en todas sus formas.

La historia de los juicios de brujas de Salem, a través de la lente de las víctimas y sus familias, ofrece una reflexión aleccionadora sobre el costo humano de la histeria y la importancia crítica de la equidad y la justicia en la sociedad. Estos acontecimientos, si bien son profundamente trágicos, ofrecen lecciones duraderas sobre la necesidad de la compasión, la racionalidad y el coraje para enfrentar acusaciones infundadas y presiones sociales.

CAPÍTULO 7

El Papel De La Mujer

Dinámica de género en las acusaciones

Los juicios de brujas de Salem fueron un fenómeno social complejo, fuertemente influenciado por la dinámica de género de la época. La mayoría de los acusados y ejecutados eran mujeres, lo que refleja opiniones sociales más amplias sobre el género, el poder y el papel de la mujer en la sociedad puritana.

Las mujeres como objetivos principales

Las mujeres constituían aproximadamente el 78% de los acusados durante los juicios por brujas de Salem, una estadística que subraya la naturaleza de género de la histeria. La cosmovisión puritana sostenía que las mujeres eran más susceptibles a las tentaciones del diablo debido a lo que percibían como debilidades morales y espirituales. Esta creencia convirtió a las mujeres en el principal objetivo de las acusaciones de brujería. La imagen estereotipada de una bruja (una mujer mayor e independiente) se alineaba con las sospechas y temores predominantes sobre las mujeres que no se ajustaban a las normas sociales.

Vulnerabilidad y estatus social

La vulnerabilidad de las mujeres en Salem estaba estrechamente ligada a su estatus social y sus roles dentro de la comunidad. Muchas de las mujeres acusadas eran aquellas que vivían al margen de la sociedad: viudas, mujeres solteras y aquellas que eran económicamente independientes o francas. Estas mujeres a menudo carecían de la protección de un miembro masculino de la familia, lo que las convertía en blanco fácil de acusaciones. Por ejemplo, Bridget Bishop, la primera mujer ejecutada durante los juicios, era una viuda conocida por su comportamiento poco convencional y su independencia. Su estilo de vida la convirtió en la principal sospechosa a los ojos de una comunidad que valoraba la conformidad y el control patriarcal.

Expectativas de género y miedo al poder femenino

Las acusaciones contra las mujeres estaban profundamente entrelazadas con el miedo al poder y la autonomía femeninos. En una sociedad donde se esperaba que las mujeres fueran sumisas y obedientes, cualquier desviación de estas normas podría interpretarse como evidencia de brujería. Las mujeres que mostraban conocimientos sobre remedios a base de hierbas, habilidades de partería o incluso personalidades fuertes eran vistas con sospecha. Estos atributos, que podrían verse como empoderadores, se interpretaron en cambio como amenazantes en una sociedad dominada por los hombres.

Martha Corcy, por ejemplo, era una mujer franca que criticaba públicamente los juicios por brujería. Su desafío e inteligencia fueron percibidos como signos de brujería, lo que llevó a su arresto y ejecución. De manera similar, Sarah Good, una mujer pobre que a menudo se peleaba con los vecinos, fue acusada por su comportamiento percibido como antisocial y su dependencia de la caridad. Su condición de marginada y su naturaleza conflictiva la convirtieron en un blanco fácil.

Sexualidad y acusaciones

La sexualidad también jugó un papel importante en las acusaciones contra las mujeres. La sociedad puritana de Salem estaba profundamente preocupada por la pureza y la moralidad sexual. Las mujeres que eran percibidas como sexualmente desviadas o que desafiaban las normas sexuales a menudo eran acusadas de brujería. Los juicios proporcionaron una manera de vigilar y controlar la sexualidad de las mujeres, reforzando la autoridad patriarcal. Las acusaciones a veces incluían detalles escabrosos sobre visitas espectrales y actos diabólicos que aprovechaban las ansiedades de la comunidad sobre la sexualidad femenina.

Las mujeres como acusadoras

Curiosamente, las mujeres no sólo fueron las principales víctimas sino que también desempeñaron papeles destacados como acusadoras. La ola inicial de acusaciones provino de un grupo de niñas, entre ellas Abigail Williams y Betty Parris, que afirmaban estar afectadas por brujería. Estas niñas, junto con otras acusadoras, ejercieron un poder significativo durante los juicios. Sus testimonios, llenos de descripciones vívidas y emotivas de agresiones espectrales, fueron fundamentales para condenar a los acusados.

Las motivaciones de las acusadoras variaron. Es posible que algunos hayan creído genuinamente que eran víctimas de brujería, influenciados por las creencias religiosas y culturales predominantes. Otros podrían haber utilizado los juicios como una oportunidad para expresar quejas, ajustar cuentas o llamar la atención en una sociedad donde sus voces estaban marginadas. El papel de las mujeres como acusadoras resalta la compleja interacción entre género, poder y dinámica social en los juicios.

El poder y la vulnerabilidad de las mujeres en Salem

Los juicios de las brujas de Salem iluminaron tanto el poder como la vulnerabilidad de las mujeres en la sociedad puritana. Los juicios expusieron la situación precaria de las mujeres, que rápidamente podrían convertirse en víctimas de sospechas y acusaciones. Sin embargo, también revelaron la agencia que las mujeres podían ejercer, incluso dentro de los límites de una sociedad rígidamente patriarcal.

La vulnerabilidad de las mujeres

La vulnerabilidad de las mujeres durante los juicios fue cruda. Las acusaciones podían surgir a partir de la más mínima desviación de las expectativas sociales y, una vez acusadas, las mujeres enfrentaban una ardua batalla para demostrar su inocencia. El sistema judicial ofrecía poca protección, ya que el uso de pruebas espectrales y los prejuicios del tribunal favorecían en gran medida a los acusadores. Mujeres como Sarah Osborne, una viuda anciana con una reputación conflictiva, quedaron atrapadas por la histeria con pocas esperanzas de escapar. Su caso demostró con qué facilidad se puede marginar y condenar a las mujeres basándose en rumores y prejuicios.

Impacto económico y social

El impacto económico y social de los juicios sobre las mujeres fue profundo. Muchos de los acusados perdieron sus bienes y medios de subsistencia. Para las viudas y las mujeres solteras, esta vulnerabilidad económica era particularmente aguda. Sin el apoyo de un marido o de parientes varones, estas mujeres lucharon por sobrevivir en una sociedad que ofrecía pocas oportunidades para las mujeres independientes. Los juicios exacerbaron su precaria situación, dejando a muchos en la indigencia y dependiendo de la misericordia de la comunidad.

Agencia y resistencia de las mujeres

A pesar de su vulnerabilidad, las mujeres también demostraron acción y resistencia notables durante los ensayos. Las narrativas de las mujeres acusadas revelan momentos de desafío y resiliencia. Rebecca Nurse, por ejemplo, mantuvo su inocencia con dignidad y compostura, incluso frente a una presión abrumadora. Su firmeza y el apoyo que obtuvo de su comunidad, a través de peticiones y testimonios, ilustraron el poder de la solidaridad y la convicción moral.

De manera similar, Elizabeth Proctor, que estaba embarazada en el momento de su encarcelamiento, luchó ferozmente por su vida y la de sus hijos. Su supervivencia, debida en parte a su embarazo, le permitió seguir abogando por la justicia incluso después de que terminaron los juicios. La historia de Elizabeth subraya la resiliencia y la fuerza de las mujeres que sortearon los peligros de las pruebas y emergieron decididas a limpiar sus nombres y restaurar el honor de sus familias.

La influencia y la memoria de las mujeres

No se puede subestimar la influencia de las mujeres en la configuración del legado de los juicios de brujas de Salem. Los testimonios y acciones de las mujeres durante los juicios tuvieron un impacto duradero en la memoria colectiva de estos hechos. Sus historias se han preservado y vuelto a contar, destacando las injusticias que enfrentaron y el coraje que demostraron. Los juicios también impulsaron una reevaluación de los roles y derechos de las mujeres en la sociedad, contribuyendo al discurso más amplio sobre igualdad de género y justicia.

El legado de los juicios sobre la condición de la mujer

A raíz de los juicios de brujas de Salem, hubo un cambio gradual en las actitudes sociales hacia las mujeres y su estatus. Los juicios expusieron los peligros del poder patriarcal sin control y la necesidad de reformas legales y sociales para proteger a las personas de errores judiciales similares. La exoneración de los acusados y el reconocimiento público de los errores de los juicios marcaron un paso hacia el reconocimiento y la solución de los prejuicios sistémicos que habían conducido a una persecución tan generalizada.

Los juicios de las brujas de Salem sirven como piedra de toque histórica para comprender la intersección de género, poder y justicia. Destacan la importancia crítica de salvaguardar los derechos individuales y garantizar que los sistemas legales y sociales no perpetúen la discriminación y la violencia de género. Las experiencias de las mujeres durante los juicios siguen resonando como poderosos recordatorios de la necesidad de vigilancia y promoción en la lucha actual por la igualdad de género y los derechos humanos.

El papel de las mujeres en los juicios de brujas de Salem revela una compleja interacción de vulnerabilidad, poder y resistencia. La dinámica de género de las acusaciones refleja temores y prejuicios sociales más amplios, mientras que las narrativas personales de los acusados muestran la resiliencia y la agencia de las mujeres frente a una profunda injusticia. El legado de los juicios subraya la importancia de continuar examinando y abordando las dimensiones de género de las cuestiones históricas y contemporáneas, asegurando que las lecciones de Salem sigan siendo relevantes e instructivas para las generaciones futuras.

PARTE III

Las secuelas

CAPÍTULO 8

El Fin De Las Pruebas

Factores que llevaron al cese de los juicios

Los juicios de brujas de Salem, que comenzaron a principios de 1692, se detuvieron en mayo de 1693. Varios factores contribuyeron al cese de los juicios, lo que refleja una combinación de influencias legales, sociales y religiosas. Comprender estos factores ayuda a dilucidar por qué la histeria finalmente disminuyó y los juicios terminaron.

Creciente escepticismo y duda

A medida que avanzaban los juicios, comenzó a surgir un escepticismo creciente dentro de la comunidad y entre figuras influyentes. El gran número de acusaciones y el estatus social de los acusados comenzaron a generar dudas sobre la legitimidad del proceso. En particular, las acusaciones se extendieron a miembros respetados de la comunidad, incluidos Rebecca Nurse y John Proctor, cuya culpabilidad parecía inverosímil para muchos.

Destacados clérigos y líderes políticos comenzaron a cuestionar la validez de la evidencia espectral: el testimonio de que el espíritu o espectro del acusado estaba cometiendo brujería, incluso si su cuerpo físico estaba en otra parte. Increment Mather, un ministro destacado, criticó públicamente la dependencia de la evidencia espectral en su libro "Casos de conciencia sobre los espíritus malignos". Sostuvo que era mejor dejar en libertad a diez brujas culpables que condenar a una persona inocente. Este cambio de perspectiva fue crucial para socavar la credibilidad de los juicios.

Reformas legales y judiciales

Los procesos judiciales utilizados durante los juicios de brujas de Salem se consideraban cada vez más defectuosos e injustos. La creación del Tribunal de Oyer y Terminer, que supervisó los juicios, estuvo marcada por irregularidades y la aceptación de pruebas dudosas. A medida que aumentaban las críticas, el gobernador William Phips disolvió el tribunal en octubre de 1692 y lo reemplazó por un nuevo tribunal, el Tribunal Superior de la Judicatura. Este nuevo tribunal rechazó la evidencia espectral y adoptó estándares más estrictos para la admisibilidad de la evidencia.

La primera sesión del Tribunal Superior de la Judicatura, en enero de 1693, resultó en la absolución de muchos de los prisioneros restantes. El cambio en el enfoque judicial, que enfatizaba métodos más racionales y legalistas, jugó un papel fundamental para poner fin a los juicios. La negativa del nuevo tribunal a considerar pruebas espectrales fue un punto de inflexión significativo, ya que desmanteló efectivamente los fundamentos sobre los que se basaban muchas de las acusaciones.

Protesta pública y fatiga comunitaria

Los juicios de las brujas de Salem supusieron una inmensa tensión para la comunidad, tanto emocional como económicamente. Los juicios provocaron miedo y división generalizados, desgarrando el tejido social de Salem. A medida que crecía el número de ejecuciones, también crecía el horror y la desilusión del público. Se destruyeron familias, se perdieron medios de subsistencia y el estado de miedo constante se volvió insostenible.

La protesta pública creció a medida que más personas se dieron cuenta de la injusticia de los juicios. Las peticiones y peticiones de clemencia, a menudo firmadas por un gran número de miembros de la comunidad, se hicieron más comunes. Estas peticiones, combinadas con los esfuerzos de familias y personas influyentes, presionaron a las autoridades para que reconsideraran la continuación de los juicios. El costo social y económico de los juicios, junto con la indignación moral que engendraron, contribuyeron significativamente a su cese.

Intervenciones de líderes religiosos y políticos

La intervención de líderes religiosos y políticos clave fue decisiva para poner fin a los juicios. Cotton Mather y Aumentar Mather, ambos ministros influyentes, desempeñaron un papel importante. Cotton Mather inicialmente apoyó los ensayos, pero luego abogó por la precaución y la moderación, particularmente en lo que respecta al uso de evidencia espectral. Las críticas vocales de Aumentar Mather a los juicios también ayudaron a influir en la opinión pública y oficial.

El gobernador William Phips, influenciado por el creciente escepticismo y el consejo de los Mathers, tomó medidas decisivas para poner fin a los juicios. Inicialmente ordenó el cese de nuevos arrestos en octubre de 1692 y luego perdonó a muchos de los que aún estaban encarcelados. Las acciones de Phips fueron cruciales para detener el impulso de los juicios y restaurar una apariencia de orden y justicia.

La exoneración de los acusados y las disculpas oficiales

Las consecuencias de los juicios de brujas de Salem implicaron un largo y arduo proceso de reconciliación y restitución. La comunidad tuvo que aceptar las injusticias que se habían perpetrado y se hicieron esfuerzos para exonerar a los acusados y ofrecer disculpas oficiales.

Acciones Legales y Legislativas

En 1697, el Tribunal General de Massachusetts declaró un día de ayuno y examen de conciencia por la tragedia de los juicios. Este acto fue uno de los primeros reconocimientos públicos de los errores e injusticias cometidos durante los juicios. Marcó el comienzo de un proceso destinado a sanar las heridas infligidas a la comunidad.

En 1702, el tribunal consideró oficialmente que los juicios eran ilegales. A esto le siguió una importante acción legislativa en 1711, cuando el Tribunal General de Massachusetts aprobó un proyecto de ley que restablecía los derechos y el buen nombre de los acusados y concedía restitución financiera a sus herederos. Este acto fue un reconocimiento formal de los daños cometidos a los acusados y un intento de reparar el sufrimiento que ellos y sus familias soportaron.

Disculpas personales y confesiones

Los juicios dejaron profundas cicatrices en la comunidad y muchas personas involucradas en los procesamientos intentaron enmendarlo mediante disculpas personales y confesiones. Samuel Sewall, uno de los jueces durante los juicios, emitió una confesión pública de error y arrepentimiento en 1697. Su acto de contrición fue una declaración poderosa y una rara admisión de culpabilidad de alguien directamente involucrado en los juicios.

El reverendo Samuel Parris, cuya hija y sobrina se encontraban entre los acusadores iniciales, enfrentó un intenso escrutinio y culpa por su papel en los juicios. En 1697, se vio obligado a dimitir de su cargo de ministro de Salem Village. Su partida simbolizó el deseo de la comunidad de distanciarse de los acontecimientos y de responsabilizar a quienes habían contribuido a la histeria.

Exoneraciones póstumas y legado continuo

El proceso de exoneración de los acusados continuó hasta bien entrados los siglos XX y XXI. En 1957, el Tribunal General de Massachusetts se disculpó formalmente por los juicios y exoneró a otras víctimas. En 1992, en el 300 aniversario de los juicios, el estado de Massachusetts emitió una disculpa más completa y erigió un monumento en Salem para honrar a las víctimas.

El legado de los juicios a las brujas de Salem sigue siendo un poderoso recordatorio de los peligros de la histeria colectiva, la importancia del debido proceso y la necesidad de estar alerta contra la injusticia. Los juicios se han convertido en un símbolo del potencial del miedo y el prejuicio para anular la razón y la humanidad. Sirven como advertencia sobre las consecuencias de permitir que el miedo y la sospecha dicten las acciones y la importancia de garantizar que los sistemas legales y sociales protejan los derechos de todos los individuos.

La exoneración de los acusados y las disculpas oficiales fueron pasos cruciales para reconocer y rectificar los errores cometidos durante los juicios. Estas acciones no sólo proporcionaron un poco de justicia para las víctimas y sus familias, sino que también ayudaron a sanar a la comunidad y promover una comprensión más amplia de los hechos. El reconocimiento de las injusticias de los juicios ha contribuido a un diálogo continuo sobre los derechos humanos, la justicia y la necesidad de una vigilancia constante frente a los temores y prejuicios de la sociedad.

La posterior exoneración de los acusados y las disculpas oficiales fueron esenciales para abordar las profundas injusticias y promover un proceso de curación y reconciliación. El legado de los juicios sigue resonando y ofrece importantes lecciones sobre los peligros de la histeria y la necesidad duradera de justicia y derechos humanos.

CAPÍTULO 9

Consecuencias Inmediatas

La conclusión de los juicios de las brujas de Salem no marcó el final de su impacto. Las consecuencias inmediatas trajeron profundas consecuencias sociales y psicológicas para los residentes de Salem, junto con esfuerzos para fomentar la reconciliación y la curación dentro de una comunidad profundamente marcada por los acontecimientos.

Impacto social y psicológico en los residentes de Salem

El tejido social de Salem quedó irrevocablemente alterado por los juicios por brujería. La histeria había enfrentado a vecinos contra vecinos, desgarrado a familias y dejado un legado de desconfianza y miedo. Los juicios expusieron tensiones y divisiones subyacentes dentro de la comunidad, muchas de las cuales persistieron mucho después de que cesaron las ejecuciones.

Relaciones fracturadas y divisiones comunitarias

Los juicios dejaron profundas fracturas en las relaciones entre los residentes de Salem. Vecinos que antes dependían unos de otros para su apoyo y cooperación se encontraron en lados opuestos de las acusaciones. La pérdida de confianza era palpable. Las familias de los acusados se enfrentaron al estigma y al ostracismo, y su reputación quedó empañada a pesar de las eventuales exoneraciones. El miedo y la sospecha que habían alimentado las acusaciones no se disiparon de la noche a la mañana; en cambio, dejaron un resentimiento y una amargura persistentes.

Por ejemplo, las familias Porter y Putnam, facciones influyentes en Salem, estaban divididas por sus posturas opuestas durante los juicios. Los Putnam estaban entre los acusadores más fervientes, mientras que los Porter abogaban por un enfoque más cauteloso. Esta rivalidad familiar y los conflictos comunitarios más amplios ejemplificaron el impacto divisivo de los juicios, creando divisiones duraderas que obstaculizaron la reconciliación posterior al juicio.

Trauma psicológico y duelo

El costo psicológico de los juicios fue inmenso. Muchos de los involucrados, ya sea como acusadores, acusados o testigos, experimentaron un trauma duradero. Los supervivientes de los juicios, especialmente aquellos que habían sido encarcelados y escaparon por poco de la ejecución, llevaban profundas cicatrices psicológicas. El miedo constante a las acusaciones, los brutales interrogatorios y la amenaza de ejecución dejaron a muchos con ansiedad y pesadillas duraderas.

Los niños que habían participado como acusadores, como Ann Putnam Jr., enfrentaron importantes repercusiones emocionales. A medida que crecieron, algunos de estos individuos expresaron públicamente su arrepentimiento por su papel en la histeria. La propia Ann Putnam Jr. se disculpó públicamente en 1706, reconociendo el daño causado por sus acusaciones. Su confesión resalta la lucha interna y el remordimiento que sienten quienes contribuyeron al frenesí, impulsados por las presiones sociales y psicológicas de su entorno.

Tensión y dificultades económicas

Los juicios también impusieron graves dificultades económicas a muchas familias. A los acusados a menudo se les confiscaban sus propiedades y se perturbaban sus medios de vida. Los costos legales asociados con la defensa de las acusaciones, combinados con la pérdida de ingresos durante el encarcelamiento, sumieron a muchas familias en la pobreza. Las viudas y los hijos de los ejecutados se enfrentaron a circunstancias particularmente espantosas y lucharon por sobrevivir sin el apoyo de sus principales sostén de familia.

Por ejemplo, la familia de John Proctor, un granjero rico que fue ejecutado, enfrentó importantes desafíos económicos. Elizabeth Proctor, la esposa de John, estaba embarazada en el momento de su encarcelamiento y ella misma escapó por poco de la ejecución. La propiedad de la familia fue confiscada y tuvieron que reconstruir sus vidas desde cero después de su liberación. Esa tensión económica era común entre las familias de los acusados, lo que agravaba el sufrimiento social y emocional que soportaban.

Esfuerzos de reconciliación y sanación

A raíz de los juicios, se hicieron esfuerzos para reconciliar a la comunidad y promover la curación.

Estas iniciativas fueron esenciales para restaurar un sentido de normalidad y unidad en un pueblo profundamente dividido por los acontecimientos de 1692-1693.

Reconocimiento y recuerdo públicos

El reconocimiento público de las injusticias de los juicios fue un paso crucial en el proceso de curación. En 1697, el Tribunal General de Massachusetts declaró un día de ayuno y examen de conciencia para reflexionar sobre la tragedia y pedir perdón. Este día de expiación tenía como objetivo ayudar a la comunidad a enfrentar la culpa colectiva y comenzar el proceso de reconciliación.

A lo largo de los años, se hicieron más esfuerzos para recordar a las víctimas y educar a las generaciones futuras sobre los juicios. En 1992, en el 300 aniversario de los juicios, el estado de Massachusetts erigió un monumento en Salem para honrar a quienes habían sido acusados y ejecutados. Este monumento sirve como un lugar de reflexión y recuerdo, reconociendo el sufrimiento de las víctimas y los errores del pasado.

Restauración de reputaciones

La exoneración oficial de los acusados y la restitución otorgada a sus familias fueron pasos importantes para abordar los errores de los juicios. En 1711, el Tribunal General de Massachusetts aprobó un proyecto de ley que restablecía los derechos y el buen nombre de los acusados y proporcionaba una compensación económica a sus descendientes. Esta acción legislativa fue un reconocimiento formal de las injusticias de los juicios y un intento de reparar el daño infligido.

El proceso de exoneración, aunque incompleto, fue un aspecto vital de los esfuerzos de la comunidad por sanar. Permitió a las familias recuperar su patrimonio y honrar la memoria de sus seres queridos. La restauración legal de la reputación ayudó a aliviar parte del estigma y proporcionó una medida de cierre para los descendientes de los acusados.

Apoyo y solidaridad de la comunidad

También fueron esenciales los esfuerzos para reconstruir la confianza y la solidaridad dentro de la comunidad. Los vecinos que alguna vez estuvieron divididos por el miedo y la sospecha necesitaban encontrar formas de coexistir y apoyarse mutuamente una vez más. Los actos de bondad, ayuda mutua y apoyo público a los exonerados jugaron un papel importante en este proceso.

Las iglesias y los líderes locales a menudo lideraron estos esfuerzos de reconciliación, enfatizando el perdón y la curación comunitaria. Los sermones y reuniones religiosas se centraron en temas de arrepentimiento y redención, alentando a la comunidad a unirse y superar la histeria.

Lecciones y reflexión a largo plazo

Los juicios de las brujas de Salem dejaron un legado duradero que continúa resonando hoy. Sirven como un poderoso recordatorio de los peligros de la histeria colectiva, la importancia del debido proceso y la necesidad de protegerse contra los efectos corrosivos del miedo y la sospecha. Las lecciones aprendidas de Salem han influido en las normas legales y sociales, subrayando la necesidad de equidad, justicia y compasión.

Los programas educativos y la investigación histórica han ayudado a mantener viva la memoria de los juicios, asegurando que las generaciones futuras comprendan las complejidades y consecuencias de este capítulo oscuro de la historia estadounidense. Al reflexionar sobre los juicios, se nos recuerda la importancia de salvaguardar los derechos humanos y promover una sociedad justa y equitativa.

Las consecuencias inmediatas de los juicios de brujas de Salem fueron profundas y de gran alcance. El impacto social y psicológico en los residentes de Salem, junto con las dificultades económicas, subrayaron los efectos devastadores de los juicios. Sin embargo, los esfuerzos de la comunidad por reconocer los errores, restaurar reputaciones y promover la curación sentaron las bases para la reconciliación y la comprensión. El legado de los juicios sigue ofreciendo valiosas lecciones sobre la justicia, la humanidad y la resiliencia del espíritu humano frente a la adversidad.

CAPÍTULO 10

Impactos a Largo Plazo

Los juicios de las brujas de Salem, a pesar de su naturaleza sombría y trágica, dejaron un impacto profundo y duradero en la sociedad estadounidense. Las implicaciones más amplias de estos acontecimientos repercutieron en el tejido de la naciente comunidad estadounidense, influyendo en las normas sociales, culturales y legales. Los juicios sirven como una advertencia sobre los peligros del poder desenfrenado y la histeria colectiva, con efectos duraderos en las prácticas legales y judiciales que continúan dando forma al panorama legal estadounidense.

Las implicaciones más amplias para la sociedad estadounidense

En los años posteriores a los juicios, la sociedad estadounidense comenzó a lidiar con las lecciones aprendidas de Salem. El miedo y la paranoia que se habían apoderado de la pequeña aldea sirvieron como un crudo recordatorio del potencial de colapso social cuando la razón y la justicia se ven eclipsadas por el miedo y la superstición. Los acontecimientos de Salem no fueron simplemente una tragedia local, sino un reflejo de tensiones subyacentes más profundas dentro de la comunidad puritana y, por extensión, de las colonias americanas en general.

Los juicios pusieron de relieve la fragilidad de la cohesión social y la facilidad con la que se podía erosionar la confianza comunitaria. El descenso de la comunidad al caos subrayó la importancia del pensamiento racional y del debido proceso, lecciones que eventualmente se entrelazarían en el tejido mismo de la democracia estadounidense. La histeria de Salem se convirtió en un símbolo de los peligros del extremismo y de la necesidad de un sistema judicial equilibrado y justo.

Inmediatamente después, el recuerdo de los juicios influyó en el discurso público y la conciencia colectiva. Las comunidades de todas las colonias se vieron obligadas a afrontar sus propias vulnerabilidades ante brotes similares de histeria. Los juicios fomentaron una mayor conciencia de la necesidad de salvaguardias contra tales sucesos, enfatizando la importancia de la educación, el escepticismo ante las acusaciones infundadas y la protección de los derechos individuales.

A medida que Estados Unidos crecía y evolucionaba, los juicios siguieron siendo un potente símbolo de la necesidad de protegerse contra los peligros de la mentalidad de masas y la importancia de mantener una sociedad justa y equitativa. El miedo que se había apoderado de Salem sirvió como una poderosa advertencia, que resonó en las generaciones posteriores e influyó en el desarrollo de los valores y principios estadounidenses.

Efectos duraderos sobre las prácticas jurídicas y judiciales

Las consecuencias legales y judiciales de los juicios de brujas de Salem provocaron cambios significativos en la forma en que se administraba la justicia en las colonias americanas. Los juicios expusieron las deficiencias y peligros inherentes a los procesos legales de la época, lo que llevó a una reevaluación y reforma de las prácticas judiciales.

Uno de los cambios más significativos fue el rechazo de la evidencia espectral en los procedimientos judiciales. El uso de tales pruebas (testimonio de que se había visto al espíritu o espectro del acusado cometiendo brujería) había sido una piedra angular de los juicios de Salem. Sin embargo, la naturaleza dudosa de esta evidencia y su dependencia de afirmaciones no verificables llevaron a críticas generalizadas y eventual abandono. El descrédito de la evidencia espectral marcó un paso crucial hacia un sistema legal más racional y basado en evidencia.

Los juicios también subrayaron la importancia de la representación legal y el derecho a un juicio justo. Muchos de los acusados en Salem tenían poca o ninguna defensa legal y el proceso judicial estuvo muy sesgado en su contra. La falta de equidad procesal puso de relieve la necesidad de reformas para garantizar que todas las personas, independientemente de los cargos en su contra, tuvieran la oportunidad de defenderse adecuadamente.

En respuesta a las injusticias de los juicios, el gobierno de Massachusetts tomó medidas para evitar futuros errores judiciales. El establecimiento de estándares más estrictos para las pruebas y la promoción de la imparcialidad judicial fueron resultados directos de las lecciones aprendidas de Salem. Estas reformas sentaron las bases para el desarrollo de un sistema legal más equitativo, que valorara los principios de equidad y debido proceso.

Las implicaciones más amplias de estos cambios se sintieron en todas las colonias americanas y, más tarde, en Estados Unidos. El énfasis en proteger los derechos individuales y garantizar un juicio justo se convirtió en principios fundamentales del derecho estadounidense. Los juicios de brujas de Salem sirvieron como catalizador de estas reformas, ilustrando las nefastas consecuencias de un sistema judicial defectuoso y la necesidad de una vigilancia continua para defender la justicia.

El legado de los juicios por brujas de Salem también influyó en el enfoque del sistema judicial estadounidense ante la histeria colectiva y la opinión pública. Los juicios demostraron los peligros de permitir que el miedo y los prejuicios públicos influyan en los procedimientos judiciales. Esta lección no pasó desapercibida para las generaciones futuras, que trabajaron para crear mecanismos para proteger la integridad del proceso legal de los caprichos del sentimiento público.

A medida que Estados Unidos avanzaba hacia la independencia y la creación de una nueva nación, las lecciones de Salem se integraron en el tejido de su marco legal. El énfasis en los derechos individuales, el debido proceso y el rechazo de acusaciones infundadas se convirtieron en piedras angulares del derecho estadounidense. El legado de los juicios sirvió como un poderoso recordatorio de la importancia de mantener un sistema legal justo y equitativo, que protegiera a los ciudadanos de los excesos del miedo y la superstición.

En conclusión, los impactos a largo plazo de los juicios de brujas de Salem son profundos y de gran alcance. Las implicaciones más amplias para la sociedad estadounidense incluyeron una mayor conciencia de los peligros de la histeria colectiva y la importancia del pensamiento racional y la justicia. Los efectos duraderos en las prácticas jurídicas y judiciales ayudaron a dar forma al desarrollo de un sistema jurídico justo y equitativo, que siga protegiendo los derechos individuales y defendiendo los principios del debido proceso. El legado de los juicios es un testimonio de la resiliencia del espíritu humano y la búsqueda duradera de la justicia y la equidad frente a la adversidad.

PARTE IV

El legado inquietante

CAPÍTULO 11

Memoria y Recuerdo

El legado de los juicios por brujas de Salem se extiende mucho más allá de las consecuencias inmediatas y las reformas legales que siguieron. A lo largo de los siglos, los juicios han seguido siendo un potente símbolo de los peligros de la histeria y la injusticia, y continúan resonando en la conciencia cultural e histórica de Estados Unidos. Este capítulo profundiza en cómo se han recordado los juicios de brujas de Salem a lo largo del tiempo, explorando el papel de los monumentos y las conmemoraciones en la configuración de nuestra comprensión de este capítulo oscuro de la historia estadounidense.

Cómo se han recordado los juicios a lo largo del tiempo

Los juicios de las brujas de Salem han sido recordados e interpretados de diversas maneras a lo largo de la historia, reflejando la evolución de las perspectivas de las diferentes generaciones. Inmediatamente después de los juicios, hubo un fuerte deseo de dejar atrás los acontecimientos y reconstruir la comunidad. A principios del siglo XVIII se produjeron esfuerzos para exonerar a las víctimas y ofrecer restitución a sus familias, pero los juicios fueron vistos en gran medida con un sentimiento de vergüenza y arrepentimiento. El discurso público sobre los juicios fue limitado, ya que muchos en Salem y sus alrededores deseaban distanciarse de la histeria que se había apoderado de su comunidad.

Sin embargo, a medida que pasó el tiempo, el recuerdo de las pruebas comenzó a resurgir en la cultura estadounidense. El siglo XIX, en particular, fue testigo de un renovado interés en los juicios de brujas de Salem, impulsado por la fascinación del movimiento romántico por el pasado y lo macabro. Nathaniel Hawthorne, descendiente de uno de los jueces de primera instancia, exploró temas de culpa y retribución en sus obras, sobre todo en "La letra escarlata". Sus escritos contribuyeron a una reflexión cultural más amplia sobre los juicios y sus implicaciones morales.

A principios del siglo XX se produjo una reevaluación más crítica de los juicios de brujas de Salem, influenciada por el énfasis de la era progresista en la justicia social y la reforma. Los historiadores comenzaron a examinar los juicios con mayor profundidad, explorando los factores sociopolíticos y económicos que contribuyeron a la histeria. Este período marcó el comienzo de una comprensión más matizada de los juicios, reconociéndolos no simplemente como un evento aislado sino como un reflejo de una dinámica social más amplia.

La mitad del siglo XX atrajo más atención académica a los juicios de brujas de Salem, y historiadores como Marion Starkey y Paul Boyer publicaron trabajos influyentes que examinaron los juicios desde múltiples ángulos. Estos estudios resaltaron la compleja interacción de factores religiosos, sociales y psicológicos que alimentaron las acusaciones y proporcionaron una comprensión más completa de las causas y consecuencias de los juicios.

A finales del siglo XX y principios del XXI, los juicios continuaron capturando la imaginación del público e inspiraron numerosos libros, películas y series de televisión. La obra de Arthur Miller "The

Crucible", escrita en la década de 1950 como una alegoría del macartismo, sigue siendo una de las dramatizaciones más poderosas de los juicios de las brujas de Salem. El trabajo de Miller subrayó la relevancia duradera de los juicios como una advertencia sobre los peligros de la histeria colectiva y el abuso de poder.

El papel de los memoriales y las conmemoraciones

Los monumentos y conmemoraciones han desempeñado un papel crucial en la preservación de la memoria de los juicios de brujas de Salem y en honrar a las víctimas. Estos actos de conmemoración sirven no sólo como un medio para reconocer las injusticias pasadas sino también como un recordatorio de la necesidad de defender la justicia y los derechos humanos.

El primer esfuerzo significativo por reconocer públicamente los juicios se produjo en 1697, con la declaración por parte del Tribunal General de Massachusetts de un día de ayuno y examen de conciencia para expiar la tragedia. Este primer acto de conmemoración sentó un precedente para futuros esfuerzos por recordar y reflexionar sobre los juicios.

En el siglo XX, el renovado interés por los juicios llevó al establecimiento de monumentos conmemorativos más permanentes. En 1992, en el 300 aniversario de los juicios, la ciudad de Salem dedicó el Memorial de los Juicios de Brujas de Salem, un lugar solemne en honor a las 20 personas que fueron ejecutadas. Diseñado por el arquitecto James Cutler y la artista Maggie Smith, el monumento cuenta con bancos de granito con los nombres de las víctimas y sus últimas palabras, rodeados por un muro de piedra que simboliza la memoria colectiva de la comunidad y su compromiso con la justicia.

La dedicación del monumento estuvo acompañada de una serie de eventos, incluidas recreaciones históricas, conferencias y exposiciones, destinadas a educar al público sobre los juicios y su importancia. Estas conmemoraciones enfatizaron la importancia de recordar a las víctimas y aprender del pasado para prevenir injusticias similares en el futuro.

Además del Memorial de los Juicios de Brujas de Salem, se han establecido otros sitios en Salem y pueblos cercanos para honrar a las víctimas y educar al público. La Casa de las Brujas, la antigua casa del juez Jonathan Corwin, se ha conservado como un museo que ofrece información sobre la vida cotidiana de los residentes de Salem del siglo XVII y los acontecimientos de los juicios. El Museo de las Brujas de Salem ofrece una experiencia interactiva que permite a los visitantes explorar la historia y el legado de los juicios a través de exhibiciones y presentaciones.

Los eventos conmemorativos y los programas educativos continúan desempeñando un papel vital para mantener viva la memoria de los juicios de brujas de Salem. Cada año, la ciudad de Salem alberga una serie de eventos en octubre, coincidiendo con Halloween, que atraen a visitantes de todo el mundo. Si bien estos eventos a menudo incluyen elementos de cultura popular y entretenimiento, también brindan oportunidades para la reflexión y la educación sobre las pruebas y su impacto duradero.

Las iniciativas educativas, tanto en Salem como en otros lugares, también han contribuido a una comprensión más profunda de los juicios. Las escuelas y universidades incorporan la historia de los juicios de brujas de Salem en sus planes de estudio, animando a los estudiantes a explorar los factores complejos que llevaron a la histeria y a considerar las implicaciones más amplias para la sociedad contemporánea. Las conferencias y publicaciones académicas continúan arrojando nueva luz sobre los juicios, asegurando que el legado de Salem siga siendo un tema de investigación y reflexión continua.

En conclusión, la memoria y el recuerdo de los juicios de brujas de Salem han evolucionado con el tiempo, reflejando cambios en los valores sociales y la comprensión de la justicia y los derechos humanos. A través de memoriales, conmemoraciones e iniciativas educativas, el legado de los juicios continúa resonando, sirviendo como un poderoso recordatorio de los peligros de la histeria y la importancia de defender la justicia y el debido proceso. Al recordar a las víctimas y reflexionar sobre las lecciones de los juicios, recordamos nuestra responsabilidad colectiva de

prevenir tales injusticias en el futuro y luchar por
una sociedad más justa y equitativa.

CAPÍTULO 12

Paralelos Modernos

A medida que profundizamos en el inquietante legado de los juicios de brujas de Salem, se hace evidente que los acontecimientos de 1692 no se limitan simplemente a los anales de la historia. Resuenan con paralelos modernos que continúan dando forma a nuestro mundo actual. Al examinar la caza de brujas contemporánea y los casos de histeria colectiva, podemos extraer lecciones que son cruciales para la sociedad moderna, destacando la perdurable relevancia de los juicios de brujas de Salem en nuestra búsqueda de justicia y racionalidad.

Comparaciones con la caza de brujas y la histeria colectiva contemporáneas

El término "caza de brujas" ha trascendido su significado original, convirtiéndose en una poderosa metáfora de la persecución injusta y el miedo irracional. A lo largo de los siglos XX y XXI, hemos sido testigos de numerosos casos en los que las lecciones de Salem han sido trágicamente ignoradas, lo que ha dado lugar a cacerías de brujas modernas que guardan un sorprendente parecido con los acontecimientos de 1692.

Uno de los paralelos más notables se puede encontrar en la era McCarthy de los años cincuenta. El senador Joseph McCarthy encabezó una campaña contra los presuntos comunistas dentro del gobierno de Estados Unidos y otras instituciones. Al igual que los juicios de brujas de Salem, las acciones de McCarthy fueron impulsadas por el miedo, la sospecha y el deseo de control. Se acusó a personas inocentes basándose en pruebas endebles, lo que a menudo condujo a la ruina de sus carreras y sus vidas. La atmósfera de paranoia y erosión de las libertades civiles durante este período reflejaba claramente la histeria que se apoderó de Salem siglos antes.

Otro paralelo moderno es el fenómeno del pánico moral, donde el miedo y la ansiedad del público aumentan ante amenazas percibidas que a menudo son exageradas o infundadas. Los ejemplos incluyen el pánico satánico de la década de 1980, donde numerosos trabajadores de guarderías fueron acusados falsamente de abuso infantil ritual, y la más reciente difusión de información errónea y miedo durante la pandemia de COVID-19. En ambos casos, la difusión de afirmaciones no verificadas y la amplificación del miedo tuvieron consecuencias en el mundo real, haciéndose eco de la dinámica de los juicios a las brujas de Salem.

Las redes sociales, en particular, han amplificado el potencial de la caza de brujas moderna. Las plataformas diseñadas para conectar a las personas también pueden difundir información errónea y provocar la indignación pública a velocidades sin precedentes. El tribunal de la opinión pública a veces puede eludir el debido proceso, lo que lleva a la difamación y el ostracismo de personas basándose en información incompleta o inexacta. La era digital ha hecho que sea más fácil que nunca que se arraigue la histeria colectiva, lo que demuestra que los mecanismos que impulsaron los juicios a las brujas de Salem todavía están en juego hoy en día.

Lecciones para la sociedad moderna

El legado perdurable de los juicios de brujas de Salem ofrece lecciones valiosas para la sociedad moderna, enfatizando la necesidad de estar alerta contra las fuerzas del miedo, los prejuicios y la injusticia. Al comprender estas lecciones, podemos esforzarnos por crear una sociedad más racional, justa y equitativa.

En primer lugar, no se puede subestimar la importancia del debido proceso y del estado de derecho. Los juicios de brujas de Salem se caracterizaron por un flagrante desprecio por estos principios, y las acusaciones a menudo conducían directamente a condenas y ejecuciones sin juicios justos. Los sistemas jurídicos modernos deben defender la presunción de inocencia y garantizar que todas las personas tengan derecho a una defensa justa. Este principio es una piedra angular de la justicia y sirve como baluarte contra los peligros de la histeria colectiva y las acusaciones injustas.

En segundo lugar, los juicios subrayan la necesidad de escepticismo y pensamiento crítico. En Salem, el miedo colectivo de la comunidad fue alimentado por la aceptación acrítica de evidencia espectral y acusaciones infundadas. Hoy en día, nos bombardean con información de innumerables fuentes, por lo que es esencial evaluar críticamente la credibilidad y confiabilidad de la información que consumimos. Los sistemas educativos desempeñan un papel crucial en el fomento de habilidades de pensamiento crítico, ayudando a las personas a discernir la realidad de la ficción y resistir la atracción de la histeria.

En tercer lugar, los juicios por brujas de Salem ponen de relieve los peligros de convertir a los países en chivos expiatorios y marginar a los grupos vulnerables. En Salem, las tensiones sociales, económicas y personales encontraron una salida en la persecución de quienes eran vistos como diferentes o amenazantes. La sociedad moderna debe estar alerta contra las tendencias a convertir a las minorías o a los grupos marginados en chivos expiatorios en tiempos de crisis. Construir comunidades inclusivas que valoren la diversidad y promuevan la empatía puede ayudar a prevenir el tipo de persecución impulsada por el miedo que caracterizó los juicios de las brujas de Salem.

Además, los juicios nos enseñan sobre las dinámicas de poder que pueden impulsar acciones injustas. En Salem, figuras de autoridad como el reverendo Samuel Parris ejercieron una influencia significativa, exacerbando a menudo la histeria por razones personales o ideológicas. La sociedad moderna debe garantizar que el poder esté controlado por la transparencia, la rendición de cuentas y los principios democráticos. Los líderes deben estar sujetos a altos estándares éticos y deben existir mecanismos para prevenir los abusos de poder.

Por último, no se puede ignorar la importancia de la memoria colectiva y la reflexión histórica. Recordar los juicios de las brujas de Salem y sus lecciones ayuda a vacunar a la sociedad contra la repetición de errores similares. Los monumentos conmemorativos, la educación y el discurso público desempeñan un papel fundamental a la hora de mantener viva la memoria de las injusticias pasadas, fomentando una cultura de reflexión y aprendizaje.

Los paralelos modernos con los juicios de las brujas de Salem sirven como un claro recordatorio de la persistencia de la falibilidad humana. La histeria colectiva, la persecución injusta y la erosión de las libertades civiles no son reliquias del pasado, sino desafíos que seguimos enfrentando. Al extraer lecciones de los juicios, podemos trabajar por una sociedad que valore la justicia, el pensamiento crítico y la empatía. El inquietante legado de Salem no es sólo una advertencia, sino un llamado a la acción: un recordatorio de nuestra responsabilidad colectiva de defender los principios de justicia y humanidad frente al miedo y la incertidumbre.

CAPÍTULO 13

La Maldición De Salem

La ciudad de Salem, Massachusetts, quedará grabada para siempre en los anales de la historia estadounidense debido a los infames juicios de brujas de 1692. Sin embargo, más allá de los hechos históricos y las repercusiones legales, Salem ha cultivado un legado perdurable de leyendas, mitos e historias de fantasmas que seguir cautivando la imaginación del público. Este capítulo profundiza en las dimensiones espectrales del pasado de Salem, explorando las leyendas y mitos que han surgido alrededor de la ciudad, así como las historias de fantasmas y las investigaciones paranormales que han convertido a Salem en un punto focal para los entusiastas de lo sobrenatural.

Leyendas y mitos que rodean a Salem

Los acontecimientos de 1692 han generado un rico tapiz de leyendas y mitos que desdibujan la línea entre los hechos históricos y el folclore. Estas historias se han transmitido de generación en generación, evolucionando con cada recuento y contribuyendo a la mística de Salem como un lugar donde el pasado y lo sobrenatural se cruzan.

Uno de los mitos más perdurables es el de la maldición de las brujas. Según la leyenda, cuando cada bruja acusada era ejecutada, lanzaban una maldición sobre la ciudad y sus habitantes. Se dice que esta maldición es la causa de varias desgracias que han sufrido Salem a lo largo de los siglos, desde incendios y plagas hasta crisis económicas. Si bien no hay evidencia histórica que respalde la existencia de tales maldiciones, la idea tiene una poderosa influencia en la psique colectiva y sirve como un recordatorio simbólico del trágico pasado de la ciudad.

Otra leyenda generalizada involucra al fantasma de Giles Corey, una de las víctimas más notables de los juicios. Corey fue asesinado a presión con piedras pesadas por negarse a declararse culpable. Cuenta la leyenda que su fantasma ronda los terrenos de la antigua cárcel de Salem y el cementerio de Howard Street, donde supuestamente pronunció su maldición final sobre el sheriff Corwin y la ciudad de Salem. Los informes de avistamientos del fantasma de Corey, particularmente en tiempos de desastre inminente, contribuyen a la sensación de Salem como una ciudad encantada.

Los infames juicios de brujas también han dado lugar al mito de la casa de las brujas, que se cree que es un lugar de reunión para las brujas acusadas. La Casa de Jonathan Corwin, conocida como la Casa de las Brujas, es la única estructura que aún se conserva en Salem y que tiene vínculos directos con los juicios. Si bien no hay evidencia de que allí se practicara brujería real, la casa se ha convertido en un símbolo de los juicios y en un punto focal para historias de fantasmas y especulaciones sobrenaturales.

Historias de fantasmas e investigaciones paranormales

La reputación de Salem como ciudad encantada se ve reforzada por numerosas historias de fantasmas e investigaciones paranormales que atraen a visitantes y entusiastas de lo paranormal de todo el mundo. Los sitios históricos de la ciudad, impregnados de la angustia y el miedo de los juicios de brujas, proporcionan un terreno fértil para historias de espíritus inquietos y apariciones espectrales.

Se dice que el Memorial de los Juicios de Brujas de Salem, dedicado a las 20 personas que fueron ejecutadas, es un punto crítico de actividad paranormal. Los visitantes han informado haber sentido caídas repentinas de temperatura, haber escuchado susurros y haber visto figuras oscuras cerca del monumento. Estas experiencias a menudo se atribuyen a los espíritus de las víctimas, que se cree que permanecen cerca del lugar como recordatorio de su injusta persecución.

El cementerio Old Burying Point, uno de los cementerios más antiguos de los Estados Unidos, es otro punto focal para las historias de fantasmas. Muchos de los involucrados en los juicios, incluido el juez John Hathorne, están enterrados aquí. Se dice que el cementerio está perseguido por los fantasmas de aquellos que sufrieron durante los juicios, y los avistamientos de figuras espectrales y sonidos espeluznantes son comunes tanto entre los visitantes como entre los investigadores paranormales.

Las modernas investigaciones paranormales en Salem han añadido una nueva dimensión a su legado embrujado. Equipos de cazadores de fantasmas e investigadores visitan con frecuencia la ciudad y utilizan equipos avanzados para detectar y documentar fenómenos sobrenaturales. Estas investigaciones suelen aparecer en programas de televisión y documentales populares, lo que consolida aún más el estatus de Salem como un destino embrujado.

Uno de los lugares embrujados más famosos es el Hotel Hawthorne, que lleva el nombre del autor Nathaniel Hawthorne. Los huéspedes y el personal han informado de numerosos sucesos paranormales, incluidos ruidos inexplicables, apariciones fantasmales y objetos que se mueven solos. La habitación 325 es particularmente notoria, ya que muchos huéspedes experimentan una sensación abrumadora de inquietud y perturbaciones inexplicables durante su estadía.

La Casa Joshua Ward, otro edificio histórico de Salem, también es famosa por su actividad fantasmal. Construida en el lugar de la casa del sheriff George Corwin, donde se retenía y torturaba a las brujas acusadas, se dice que la casa está perseguida por el espíritu vengativo de Corwin, así como por los espíritus de sus víctimas. Fotografías de figuras sombrías e informes de encuentros espeluznantes han convertido la Casa Joshua Ward en un destino popular para los entusiastas de lo paranormal.

En los últimos años, la llegada de los medios digitales ha amplificado el alcance y el impacto de las historias de fantasmas de Salem. Las plataformas de redes sociales, blogs y podcasts dedicados a lo paranormal presentan regularmente a Salem, compartiendo relatos de encuentros fantasmales e investigando los sitios encantados de la ciudad. Estas narrativas modernas contribuyen a un folclore vivo y en evolución que mantiene vivo el espíritu del pasado de Salem.

La aceptación de Salem de su legado embrujado es evidente en su próspera industria de viajes de fantasmas. Las visitas guiadas llevan a los visitantes a través de los lugares históricos y supuestamente embrujados de la ciudad, combinando hechos históricos con escalofriantes historias de lo sobrenatural. Estos recorridos ofrecen una experiencia de inmersión que permite a los visitantes conectarse con la historia de Salem de una manera visceral y atractiva.

En conclusión, el inquietante legado de Salem es un complejo tapiz tejido a partir de acontecimientos históricos, leyendas y conocimientos sobrenaturales. Las historias de fantasmas y las investigaciones paranormales de la ciudad sirven como puente entre el pasado y el presente, y nos recuerdan el impacto duradero de los juicios de brujas de Salem. Mientras navegamos por las calles poco iluminadas y los sitios encantados de Salem, no nos limitamos a contar la historia, sino que nos involucramos en una narrativa viva que continúa evolucionando. Los espectros del pasado de Salem pueden ser intangibles, pero su presencia se siente en cada rincón de la ciudad, lo que garantiza que el inquietante legado de los juicios de brujas de Salem perdurará durante las generaciones venideras.

Conclusión

Reflexionando sobre Salem

Al concluir nuestro viaje a través de la oscura historia y el inquietante legado de los juicios de brujas de Salem, es esencial reflexionar sobre las profundas lecciones que estos eventos imparten. Los juicios son más que un episodio histórico; son un crudo recordatorio de los peligros del miedo, la ignorancia y la injusticia. Al examinar los acontecimientos que se desarrollaron en Salem hace más de tres siglos, podemos extraer ideas valiosas para nuestra sociedad contemporánea, asegurando que tales injusticias nunca se repitan.

La importancia de recordar y aprender de la historia

Los juicios de las brujas de Salem son un poderoso testimonio de los peligros de la histeria colectiva y del potencial destructivo del miedo desenfrenado. Los juicios fueron el resultado de una tormenta perfecta de tensiones sociales, religiosas y personales que se salieron de control y provocaron la trágica pérdida de vidas inocentes. Recordar Salem no se trata simplemente de relatar una serie de acontecimientos; se trata de comprender los comportamientos humanos subyacentes y las condiciones sociales que permitieron que ocurriera tal catástrofe.

Al recordar a Salem, honramos a las víctimas que fueron acusadas y ejecutadas injustamente. Sus historias sirven como un conmovedor recordatorio de la importancia de la justicia y la necesidad de proteger a los inocentes. Los monumentos conmemorativos, los programas educativos y la investigación académica continua garantizan que se preserve la memoria de estas personas y que no se olvide su sufrimiento.

Además, el estudio de los juicios de las brujas de Salem nos proporciona conocimientos críticos sobre los mecanismos del pánico social y las formas en que se puede manipular el miedo. Destaca la necesidad de mantener una ciudadanía vigilante e informada que pueda resistir el atractivo de buscar chivos expiatorios y el miedo irracional. Al fomentar el pensamiento crítico y promover una cultura de razonamiento basado en evidencia, podemos construir una sociedad que valore la verdad y la justicia por encima del miedo y la sospecha.

Los juicios también subrayan la importancia de las protecciones legales y el estado de derecho. La falta de garantías procesales y juicios justos en Salem provocó graves errores judiciales. En nuestro mundo moderno, es crucial defender estándares legales que protejan los derechos individuales y garanticen que todas las personas reciban un trato justo ante la ley.

Las lecciones de Salem nos recuerdan que salvaguardar estos principios es esencial para prevenir futuras injusticias.

Reflexiones finales sobre el legado de los juicios

El legado de los juicios de brujas de Salem se extiende mucho más allá de los registros históricos y las reformas legales que siguieron. Salem se ha convertido en un símbolo, una advertencia que resuena a través del tiempo, advirtiéndonos sobre la naturaleza frágil de la sociedad y la facilidad con la que la razón puede ser abrumada por el miedo. El inquietante legado de Salem no se trata sólo de fantasmas y leyendas; se trata del impacto duradero de las acciones colectivas de una comunidad y de la larga sombra que proyectan sobre la historia.

La historia de Salem es un recordatorio de la resiliencia del espíritu humano y la capacidad de las comunidades para aprender, sanar y crecer a partir de sus momentos más oscuros. Los esfuerzos por exonerar a los acusados, el establecimiento de monumentos conmemorativos y el compromiso continuo con la educación y la reflexión son testimonios de la determinación de Salem de enfrentar su pasado de manera honesta y constructiva. Estas acciones demuestran que incluso desde lo más profundo de la tragedia, una comunidad puede emerger más fuerte, más consciente y más comprometida con la justicia.

Al contemplar el legado de los juicios de brujas de Salem, estamos llamados a reflexionar sobre nuestra propia sociedad y las formas en que respondemos al miedo y la diferencia. Los juicios nos recuerdan que los prejuicios y la histeria pueden arraigar en cualquier comunidad, pero también nos muestran que a través de la conciencia, la educación y la empatía, podemos construir una sociedad que valore la justicia y la compasión. La historia de Salem nos insta a permanecer vigilantes contra las fuerzas que amenazan nuestra humanidad compartida y a luchar por un mundo donde tales injusticias nunca se repitan.

Al cerrar esta exploración de los juicios de brujas de Salem, llevemos adelante las lecciones de Salem con un compromiso renovado con la justicia y la comprensión. El inquietante legado de Salem sirve como advertencia y guía, iluminando el camino hacia una sociedad más equitativa y racional. Al recordar a Salem, honramos el pasado y construimos las bases para un futuro donde el miedo y la ignorancia sean reemplazados por el conocimiento, la empatía y la justicia.

Al final, el verdadero legado de los juicios de brujas de Salem no es sólo el dolor de una comunidad desgarrada por el miedo, sino la esperanza duradera de que podamos aprender de nuestra historia, crecer a partir de nuestros errores y crear un mundo donde prevalezca la justicia. Que las lecciones de Salem nos guíen mientras navegamos por las complejidades de nuestro tiempo, asegurando que las voces del pasado sigan inspirándose hacia un futuro más justo y humano.